地球維新　解体珍書

白峰
Shiramine

鹿児島
UFO

明窓出版

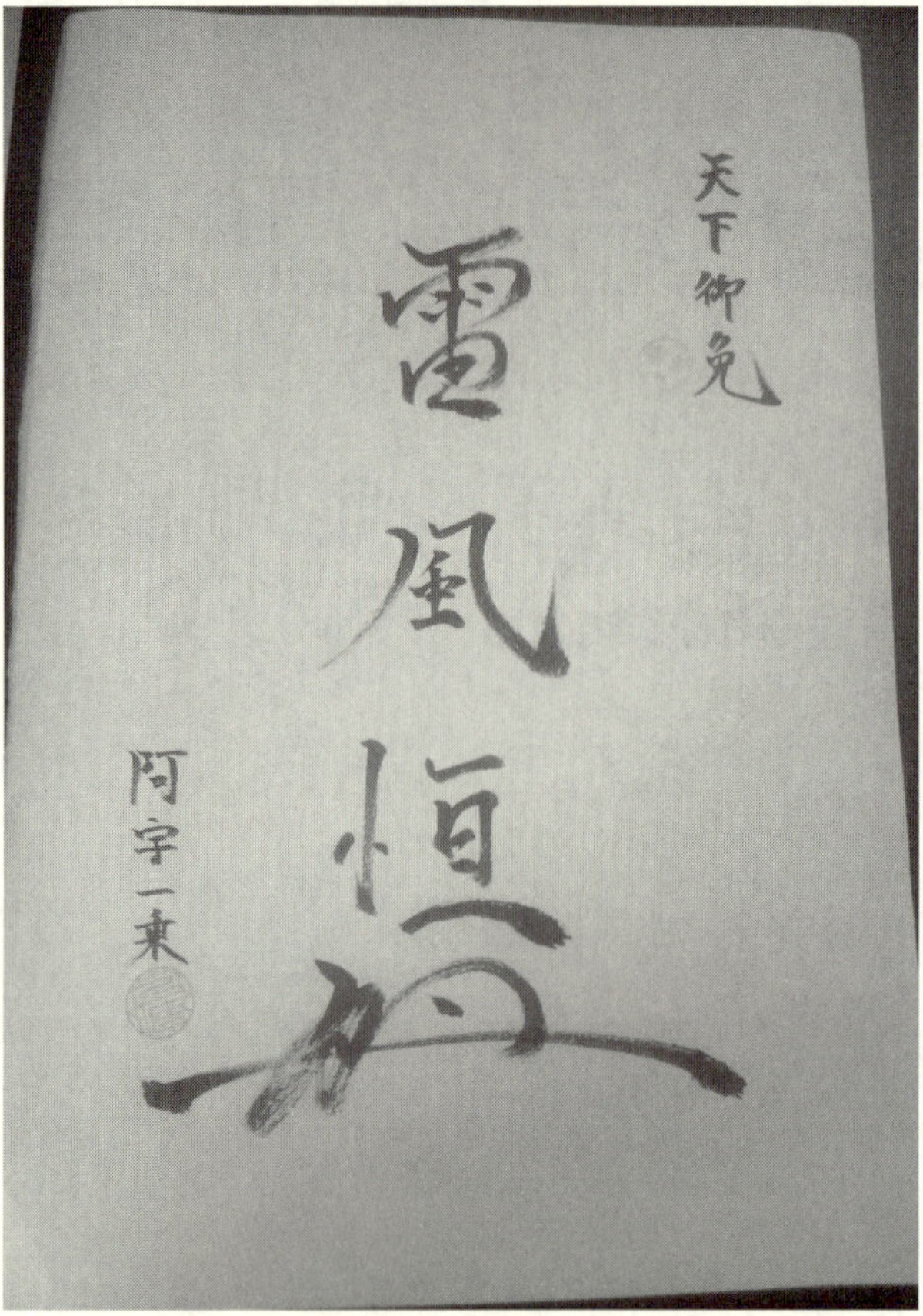

雷風恒（らいふうこう）とは、物事全てが、永遠に繁栄すること

はじめに

愛染カツラーこと鹿児島ＵＦＯさんに、色々質問された内容を一冊の本にまとめました。本来は、カセットテープで17本、８００頁にもわたる内容でしたが、分かり易く〃一言コメント〃のエッセイ形式にしました。内容を更に詳しく知りたい方は、明窓出版の拙著を参考にして下さい。

「地球維新・解体珍書」は、三千世界の再生を実現する地球維新について珍説（笑）をもって解説します。表紙は、日の丸・君が代と富士と鳴門の仕組みを表現しました。地球維新の提唱者とその志士との、質疑応答集です。

いよいよ２０１２年を目前にして、日本国と世界と宇宙の栄弥《いやさか》を願っています。

平成二十三年二月十一日（建国記念日）

桜島～鹿児島市天文館（陛下ご宿泊の旧鶴鳴館～料亭「鶴家」）にて

白峰拝

はじめに（鹿児島ＵＦＯ）

白峰先生のご高配、ブログをご覧になって下さる皆さまの後押し、明窓出版さんの御協力により発刊に至りました（大感謝）。

本の表紙について補足です。富士と鳴門の仕組みとは、富士山は全世界のプレートと火山とつながっており、鳴門の渦は全世界の海とつながっております。日の丸と菊花紋は右翼ではなくて、宇宙の翼という意味の宇翼です（笑）。ＵＦＯで既成概念をブチ破りながら、肝心要のこの時期、個人の菊座（魂・菊花紋）と世界の雛形である日本国躰（日の丸）を建て直し、ひいては世界＆宇宙を立て直す意味をこめてあります。裏表紙では、人類意識の進化への願いを表現しました。

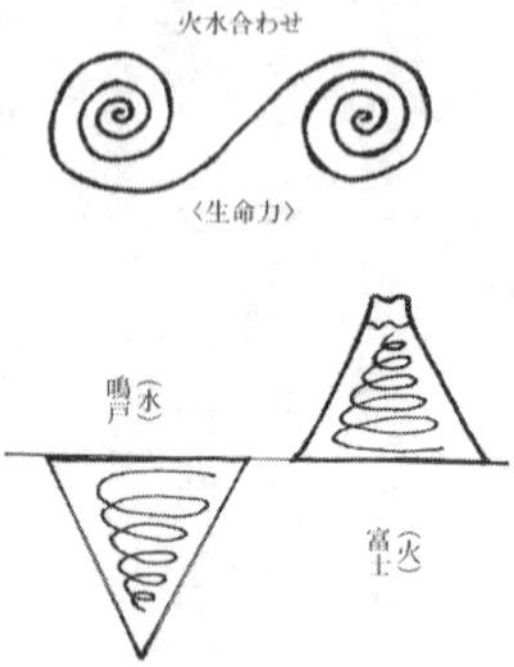

多くの矛盾を抱えたまま突き進む現代社会。環境問題、金融不安、人口問題ほか、様々な社会不安の増大と、時間感覚の異常な加速、人類はこのままで大丈夫だとは誰も思ってはいないでしょう。かつてない様々な問題で混乱して

いる社会状況をどう理解するのか？　どのように解決していくのか？　政治・経済・科学・教育・宗教、それら旧来の常識的な価値体系だけで対処しても、この行き詰まった世界は滅びるしかない所まで来ていると思います。

もちろん、3次元的な現実面の対処も大事で、社会制度などを変えることも必要でしょうが、この切迫した事態は、もはや「人間そのものの変化」＝「生命としての進化」が問われているのだと思います。その進化のためには、今まで人間社会に培われてきた1人1人の「価値観・常識・信念体系」を根底から変える必要があります。ひいては、その変革は、個人のレベルを超えて、大心理学者カール・グスタフ・ユングの言う「集合意識」にまでに影響を及ぼす必要があります。百匹目の猿・バタフライ現象が必要です。

私「鹿児島ＵＦＯ」は幼少の頃、ＵＦＯ大型母船に遭遇し、この世は幻か現実か？　生きる意味とは何か？　という根源的な疑問が常に離れず、17才の頃には、家族・親戚中にキ○ガイと言われながら、小遣いを貯めて（笑）真言密教の門を叩き、四度加行～護摩法、修験道は行満権正大先達で引退しましたが、その教法に触れると、教え（信心）だけの宗教がいかに片落ちか！　ということと、神道・キリスト教・チベット仏教など、その密教的な教法は、文化・

国境・宗派を越えて、同質のエッセンスがあると感じました。（ここ数年で分かりましたが、それら秘教のエッセンスは、サナトクラマ・レムリア・アトランティスからきているのです。人類の意識はその原点を思い出し、そこから再スタートする必要があります）

思うことがあって、精神世界は引退しておりましたが、3年程前でしょうか？　マスコミ由来の大きな社会不安と、時間自体の異常な高速化を感じ、ナオミさん（コズミックダイアリー講師）のマヤ暦セミナー受講を契機に、自分なりに納得のゆく答えを求めて、数年来、自ら封印してきた精神世界の動きを再開し、ニュージーランド・レイキ協会会長の柳井玲子女史のレクチャー＆イニシエーションを受けると、クラウン（頭頂）チャクラが稼働を始め、新しい情報が短期間に怒涛の如く入ってきました。

闇の権力・フォトンベルト・2012年問題・マヤ暦・アセンション・NESARA・レムリア・アトランティス・ペトログラフ・カタカムナ・次元上昇・シューマン共振・ヘミシンク……etc.、（これらの意味は、この本を読むと理解できますので、ご安心を！）

中でも、INTUITION《インテュイション》の講演DVDと、明窓出版の書籍には、大きな衝撃を受けました。白峰由鵬先生・中丸薫先生・エハン・デラヴィ公・中山康直さんの提唱しておられる「地球維新」は、来たるべき新時代への一大スローガンです！　その本や講演DVDを見ながら、地元鹿児島でも、このような楽しく興味深い講演会があってほしいと熱望してきました。

そして2008年の3月末、精神世界トレンド、その全貌をひととおり理解できたと感じ、考えをまとめ、情報をシェアさせて頂く意味で、楽天ブログ「鹿児島UFO」を開始、同時に、全国のライトワーカーの皆さまと連携を可能にするSNS「MIXI」（情報共有・交流サイト）にも参加しました。

そういう中で、魔界存在やカルマまで解除する究極のアロマヒーラー西村依里子先生〜、そして、世界&日本のアセンション仕掛人&鎮護国家の大風水師でもある白峰由鵬先生、ほかスピリチュアル系TOPの先生方とご縁を頂き、ヘタレ地方のハゲオヤジが、ご存知のように面白い展開になっています（笑）。おかげさまで鹿児島にも、白峰先生を筆頭に多くの先生方を招聘《しょうへい》できました（大感謝）。

新時代へ向けて、ネオ・スピリチュアルの動きに目覚め、様々な浄化を始めている方々と、未だに3次元の現実社会しか見えていない（漠然と将来不安を抱えたままの）人々との、2極化が始まっています。また、インターネットを利用する人と、利用しない人とでは、今後の人類進化&大変革に関する大切な情報が伝わる速さに、大きな「差」が出始めています。そこで本書は、インターネットにまだ親しんでおられない方々への道先案内のため、そして、まだネオ・スピリチュアルの大きなウエーブをご存知でない、皆さまの家族・親族・友人、ほか大切に思っている方々のために書かれています！

この新時代への重要事項は、自分だけが理解しているのでは、家族や友人とのバランスがとれません。そのまま放置すると、どんどん意識がズレて、感性や波長が合わなくなっていきます。せっかくご縁ある大切な方々と共に、次代への新情報を共有して頂き、家族・親戚・友人・同僚との融和、ひいては、「世界恒久平和」実現の一助となれば幸いです。

世の中は、マスコミ経由の暗いニュースがあふれて、閉塞感で充満していますが、それは、人間自体のレベルの限界と、利益追求に爆走する資本主義の限界を表しています。そして今起こり始めている数々の崩壊は、新たな人間進化と、新しい社会への胎動なのです。

「旧来の常識を遥かに超えた変化」が起こっていきます。どのように変わっていくのか？？

本書をよく読んで下さい。

多くの女性が、そしてまだ少数の男性が、スピリチュアル系に興味を持ち、全国で様々な仲間が増え、大きな波が起こっています。映画「X-MEN」のように、様々な超能力（本来能力）に目覚める人も出始めています。しかしそれらは、組織化されたものではなく、宗教でもなく、人間の本来の魂・霊性を復興する動き・新たな人間進化への胎動なのです。

この動きが今後、政治・経済・教育・環境・エネルギー・農業など全てに影響を及ぼし、行き詰まったこの社会を、大きく根底から変える**「地球維新」**という動きになっていきます。

表のマスコミ情報だけを信じてはいけません。必ずや、未来は明るいのです！

鹿児島UFO　愛染カツラー　拝

10年前に比較すると（2003年時点）

（A）太陽の明るさ1000倍（B）太陽のエネルギー出力2・3倍（C）太陽フレアの放射3倍

◎地球維新　解体珍書　目次◎

基本用語の解説

本　編

本編に入る前に、常識ブロックを解消しましょう！

ここは「輝ける未来」へのポータル（入口・門）のひとつです！

２０１２年12月22日は、マヤ暦の最終日。地球は？　人類は？　どうなるのか？

数万年ぶりの大変動、――それは、地球と人類の「時元上昇＝アセンション」です！

人類を目覚めさせない「情報操作」、闇世界政府によって仕組まれた「常識という洗脳」から自由に！

マスコミや教育機関が教えない情報の中にこそ、本当の「自由を獲得する道」があります！

政治経済の陰謀論・人類創生の秘密・神仏の秘密・古神道・宇宙存在・地底存在・多次元・古代の文明＆科学などなどの知識の、脳内へのダウンロードがスタート！

それらの荒唐無稽と思われる情報は今までブロックされてきましたが、そうした全情報は、人類覚醒～進化のために今後、大きく「リンク・関連」します！

個々意識と魂の「地球維新」により、新人類へ進化↓全問題の根本解決を！

時々私のブログ（http://plaza.rakuten.co.jp/kagoshimalife/）を訪問して下さい。

でもあまり、特殊なプロフィールにドン引きしないでね（笑）。

序盤は皆さまの「常識ブロック解消」のお手伝いをさせて下さい（笑）
映画やテレビで「2012年問題」や「宇宙問題」が扱われても、興業的な理由で、興味本意な薄い内容になりがちです。本書にて「その本質」を是非ご理解下さい！　常識人にはトンデモ情報と思われる本書の内容が、新次代を創生します。共に行き詰まりの社会を打開しましょう！

常識のウソ　彩図社
常識のウソ研究会

2つの情報二極化　あなたと私は先端なんだよ！（笑）

今世の中は、二極化・大きく二つに分かれています！　先日の「NHKクローズアップ現代」で、「尖閣漁船衝突ビデオ流失事件」について、二人の方がインタビューを受けていました。一人は学者さん、事の善悪を厳しく追求していましたが……表の情報しか知らない一般国民は、おそらくこの人の意見に賛同していたことでしょう（笑）。


もう一人は、TOP敏腕ジャーナリストの立花隆さん。

とても鋭いことを言っていました。

「インターネットによって、国民が二極化している！」

つまり、新聞やテレビなどいわゆるマスコミを情報源にして、常に受身状態（コントロールされている）の「旧来型の人間」と、インターネットを駆使して情報を探り、自らも放送局として、世の中に発信できる「ネット族という新人類」とに、二極化していると！！

そしていみじくも、その「ネット族」は、マスコミや政治家よりも、ウラの真実を知っている！　進んでいる！　とさえ立花隆さんはおっしゃっていました。

マスコミや常識範囲の情報ソースしか知らないで生きていて、結果的に制限をうけている人種（それさえも気づいていない）と、インターネットを駆使できて、多くの情報制限から脱却し始めている人種（映画「マトリックス」の自由に目覚めたザイオン市民）という二極化でもありますね！

立花隆氏が「我々目覚めたネット族」に太鼓判を押してくれました！　自信を持って進んで行きましょう!!　インターネットやスピリチュアル系&暴露系の書籍などに掲載されることが多い、真実の「裏情報」を知らない方々へ。シッカリこの本を読んで下さい！　読み終わる頃には、相当～分かってくると思いますよ（笑）。

証言・臨死体験
文春文庫　立花隆

次の図をよく見て下さい！　この世界には胴元がいます（?!）「金利や株が下がっても上がっても儲かる層」「戦争や民

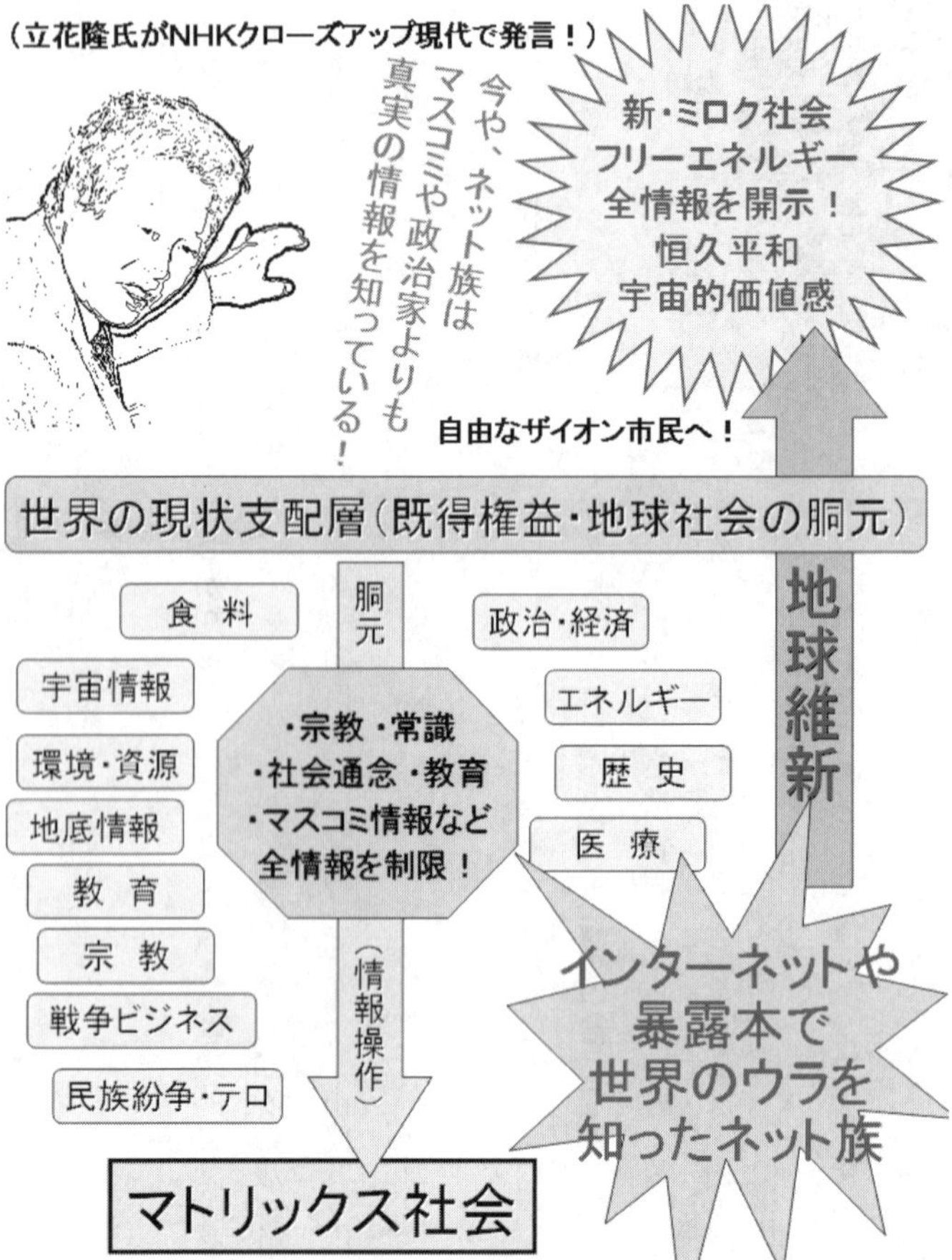

一般民衆には、真実は20%しか知らされていない

真実を知るな！　目覚めるな！　税金だけは納めなさい！（人間牧場）

族紛争やテロがあっても、両陣営に武器を売って、お金を貸して儲かる層」。その胴元を知らないのは、店側に出玉をコントロールされているのに、勝った負けたと一喜一憂しているパチンコ店の「客」のようなもの（笑）。立花隆氏の言う「政治家より知っているネット族」は、その胴元の存在を知っているのです！

ロスチャイルドの密謀
成甲書房
ｼﾞｮﾝ・ｺｰﾙﾏﾝ　太田龍

闇の権力と闘う男
ヴォイス
ﾍﾞﾝｼﾞｬﾐﾝ・ﾌﾙﾌｫｰﾄﾞ

日本を貶めた「闇の支配者」が終焉を迎える日
ベストセラーズ
ﾍﾞﾝｼﾞｬﾐﾝ・ﾌﾙﾌｫｰﾄﾞ

2人だけが知っている
世界の秘密　成甲書房
太田龍　ﾃﾞｰｳﾞｨｯﾄﾞ・ｱｲｸ

続・世界の闇を語る
父と子の会話集
リチャード・コシミズ

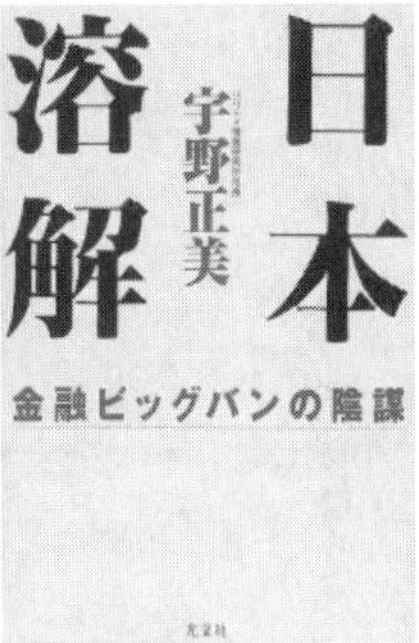

日本溶解
光文社　宇野正美

パソコンやインターネットに、まだ親しんでおられない方々へ
――ご安心下さい！　今、携帯電話の「スマートフォン」や、そうした機能を持っているテレビでも、簡単にインターネットが出来るようになっています。アナログから地デジへ、ちょうど良い機会ですので、ネット参入～お楽しみ下さい♪
ブログ「鹿児島ＵＦＯ」もヨロシク～

陰謀論を知る

政治経済の「陰謀論」は、マスコミや既成概念に洗脳されたマトリックス社会から目覚めるための入口です！

ベジャミン・フルフォード氏
宇野正美氏　リチャード・コシミズ氏
故・太田龍氏　デビッドアイク氏

こうした本を出されている、代表的な陰謀論者さんがいます。「陰謀論」は、既成概念を脱却

するためにはとても有効ですので、世界の裏真実をまだご存知でない方は、インターネット・書籍・DVDなどで、調べてみて下さい。（マル秘の世界政府・ロックフェラー・ロスチャイルド・軍産一体国際企業・ユダヤ金融・諜報機関・既得権益層などの働きと、それらとのマスコミ・政治・経済・教育・医療等との「連動」を知らないと、「世の中の本当の仕組み」は分かりません！）逆にそれらが分かると、表ニュースの「茶番」がハッキリと見えてきます（笑）。

しかし、陰謀論に終始すると貧乏論になります（爆笑）。陰謀論の講演は、恐怖心や不安感こそありますが、肝心の解決策が出てこないことと、スピリチュアル系の叡智を否定する方が多くて、建設的なビジョンが見えてきませんので……。

陰謀論がある程度分かったら……本書でも、たくさんの写真を掲載しております。こうした書籍をお読みになったり、インターネットで情報を検索して、新しい人間進化の道を理解して頂きたいと思います。そして、本書と明窓出版さんの本は、是非買って下さいね（笑）。

田中真紀子さん「意味深な発言」お分かりですか?

これは、スピリチュアルの問題とは一見、関係ないように思われるかもしれませんが、実は大いに関係してきますので、シッカリとお読みくださいね♪

以下は、鹿児島UFO(普段から政治的な主義はあまり持っていません)の私見ですが、突然の小沢一郎氏への強制捜査・秘書逮捕に関して、私は非常にタイミングが良すぎる! 計算された「国策操作」であろう! とシロウトながら思っていましたが……。

テレビ朝日「田原総一郎のサンデープロジェクト」に、田中真紀子さんが特別ゲストとして出演して、今までテレビではとても言えなかったことを、「ハッキリと匂わせました!」

それを聞いて、ヤッパリそうか! と感じました。

国民の意識調査で「小沢一郎、即、退陣すべき」が、「57%(?)を超えている」という情報があるという田原氏の発言に対して、田中真紀子さんは、

「そんな数字は何とでも言える! マスコミ情報操作に騙されないように!」

2012年の奇蹟
あうん　中丸薫

闇の世界権力はこう動く　徳間書店
中丸薫

世界を変えるNESARAの謎・明窓出版
ケイ・ミズモリ

もうすぐ次元上昇か
徳間書店
船井幸雄

「政権交代直前のタイミングに、それは不都合であるという闇の権力（ＣＩＡ・ＭＩ６・一部の学者・マスコミ・政権交代を望まない政治権力など）が働いた！」と発言しました。

私自身も、数年前までは、これら「闇の権力の情報」をインターネットで検索すると、すぐにスパイウェアが侵入してきて、「こういう情報を検索すると監視の対象になるのだなあ」と、けっこう「恐い思い」もしてきました。

日曜朝の全国放送で、今まで、一般人にはまったく知らされていなかった「闇の権力」について、田中真紀子氏は、堂々と発言しました!!　数年前なら、こんな発言をする人は殺されるか（?）植草教授のように、ハメられて失脚させられるのがオチでしたが……。

これは、ＵＦＯ問題・政治経済の裏権力の問題などが、じょじょにオープンにされている現象です。主な胴元であるロスチャイルド家やロックフェラー家は、ガチガチの人類支配の路線を変更したのでありましょうか?!

以前、中曽根康弘首相は、レーガン大統領と英語で堂々と外交を行い、とても頼もしい政治家だったという印象が残っています。その中曽根さんが引退をした時、テレビではっきりと発言しました！

「ロッキード事件は、アメリカのやり過ぎだった」

「アメリカのやり過ぎ」とはどういう意味かというと、当時は、石油をすべてアメリカ経由で輸入していた時代で、田中角栄首相は日本への安定供給のために、別ルートを開拓しようとしていました。それが、アメリカの逆鱗に触れて、ロッキード事件を仕掛けられたというのが真相のようです！！

その当時、マスコミは束になって角栄氏をひきずりおろしました。マスコミの扇動というのは、非常に恐ろしいものです。日本が、第2次世界大戦に傾いていったのも、マスコミが大きく影響を与えていますよね？（先般、ＮＨＫでその反省の番組がありました）

支持率とか国民意識調査とかいうものは、マスコミのさじ加減ひとつです（実は、国民意識

ロッキード事件
葬られた真実　講談社
平野貞夫

調査は、その設立にＧＨＱやＣＩＡがからんでいます。日本は現状まだ、アメリカの属国〈言いなり〉で、某有名広告代理店のある部署が勝手に数字をイジれる仕組みがあります）。

田中真紀子さんの発言は、そのへんを知っていて「国民へ騙されるな！　賢くなれ！」と、心底から訴えるものでした！

小泉劇場「マスコミの情報操作」に気づきましたか？

小泉元首相は、「郵政民営化」に反対か賛成かという極論に持っていって、「反対ではないけど、ヤリ方を考えて」と言っていた自民党議員をすべて切り捨てましたね！　その後、突然の衆議院解散劇でした！　その時は、私自身、反対とは思っていなかったのですが、この解散はヒドすぎると感じました。その日のマスコミの反応は、「こんな首相はかつていない！」とすごい批判の嵐でした。私自身、ヒドイ！　と思ったので、マスコミのその反応には、ごもっとも！　という気持ちがしていました。

ところが、ところがです。翌日か翌々日だったでしょうか？　全部のテレビ局が突然、「小泉首相エライ！　支持率大幅アップ!!」という報道に、１８０度転換しました。

皆さん！　この短期間に「全局が同時に同じ方向に豹変した事実」を憶えていますか？　私は、支持率アップの特別な材料も無いのに、オカシイと思いました。そのとき、全テレビ局が支持率アップを報じるとそれが既成事実となっていき、国民感情が繰られるのでは？　と感じました。

職場で同僚とこうした放送を見ながら、「これはオカシイ！」と言っていましたが……。皆さんは、この時期を「どう感じましたか？」　何も感じませんでしたか？？

実はその数日後、東京の某プロデューサーから、私にメールが入っていました。内容は、「アメリカから膨大な資金が流れた！　マスコミ対策費用だ!!」というものでした。その話を職場でしたところ、「日本のマスコミが、お金に左右されるわけがない！」という意見ばかりで、まったく信じてもらえませんでした。

その後、私は中丸薫先生の本などを読むようになって、「闇の権力・地球支配層」の存在を知り、全分野にわたる巧妙な情報操作（マスコミ・政治・金融・宗教・文化・歴史・医学など）に気づくことができました。

アメリカ（その背後の支配層）は、「日本国民がまじめにコツコツ貯めてきた数百兆円の預金」を郵政民営化で奪おうというのがネライだったのです。それは、小泉劇場用マスコミ対策に多額の費用（数千億円）を出してもずっと儲かる、「郵政の膨大なおいしい塩漬け預金」だったのです。

（すでに下野した元自民党・野中広務氏が、官房機密費を使って、マスコミ要人・芸能人・文化人等を買収して野党批判の声を高めるよう画策していたことや、それらは昔から行われていたということなどを、テレビや週刊誌でバラしたのは記憶に新しいですネ！）

郵政民営化のときのマスコミの豹変を変に思わなかった方は、不自然なマスコミの動きにまったく気づかず、まんまと繰られていたということになりますね。

小泉劇場をプロデュースしたのは、スリード社というアメリカの広告会社です。そのメイン作戦は「Ｂ層を狙え！」でした。Ｂ層とは何か？　実は、Ｂ層は「テレビやＣＭに影響されるバカ層」という意味だったのです‼（ウイキペディアで見ると、「ＩＱ」が比較的低く、構造改革に中立的ないし肯定的な層となっています。事実、主婦層を中心に相当、国民は踊らされました）

人類が覚醒しないように、こういう手法（常識を植え込む、マスコミ経由の洗脳・扇動）によって、全分野（マスコミ・政治・金融・宗教・文化・歴史・医学など）で、情報操作されているのです（平民は知るな！　目覚めるな！　です）。その一貫で、テレビは「スピリチュアル系やＵＦＯ系の否定番組」を定期的に流します（ＣＩＡ系の指示・大槻教授も番組で匂わせました。視聴率稼ぎで肯定的な番組を放送し、ヒートアップしすぎたら否定番組という具合です）。少し前の話になりますが、細木数子さんの降板劇もそのへんがありそうです！　やはり、放送タイミングがおかしい、意図的に思われるような否定番組がありました。

こうした小泉劇場のウラ側をご存知の方々からは、小泉元首相は「日本売りの最低男！」という評価になりますが……。

しかし、ウルトラマン・ベンジャミン・フルフォードさんによると、そのとき、日本はウラで「アメリカの地震兵器・ＨＡＡＲＰ」で脅されていた！　という情報もあり、全ての情報がオープンにされたときには、小泉さんと竹中さんは、**意外と「日本を守ったのだ！」**という評価が出てくるかもしれませんネ！

世論調査の実態を知っていますか？

さてさて、検察・政党・新聞・テレビ・農薬と化学肥料主体の農業・世論調査など、戦後、ＧＨＱが主導していて、根幹には、未だにその息が掛かったままです！　小さなウソやトリックはすぐバレますが、大きなウソ・仕掛けは国民の多くが気づきません！

アメリカのＦＲＢ（通貨発行局）や税金局が、アメリカ国営でなく、20名位の役員の、個人企業だということも、日本国民のホトンドが知りません！（驚き）

信じられない人は、ガチガチの経済本「民間が所有する中央銀行」（面影橋出版　マリンズユースタス著　林伍平訳　藤原源太郎解説）に詳しく書かれていますから、是非ご一読ください!!　この本を約50冊購入して国会議員に配った、橋本内閣時代の内閣官房長官、梶山静六氏は、交通事故に遭ってから体調を崩して亡く

ドル亡き後の世界
祥伝社
副島隆彦

世界権力者人物図鑑
日本文芸社
副島隆彦

メルトダウン
成甲書房
副島隆彦

民主党新政権と米ドル体制はいつまで続くか
ＤＶＤ
副島隆彦を囲む会

なりました。実は暗殺という噂もあります。

ＧＨＱが設立した「世論調査」は、本当は公平な調査など無く、民意コントロール装置として機能しています。そのへんを、天文館で一緒に飲みました（笑）政治経済の論客、副島隆彦さん（著作百冊以上）も、よくご存じでいらっしゃいます。

副島さんの公式ブログ「学問道場」（http://www.snsi.jp/）の情報を、皆さんもご覧になってみてください。次のような内容が書かれていました。

新聞各社は、世論調査などまったくやっていない。この数字を作っているのは、某大手広告代理店の第16局という秘密組織とある大手通信社で、アメリカの某社の南青山にある東京本部との合同部隊だ。だから、5大新聞、6テレビ局（ＮＨ

Kを含む）のどこにも世論調査をする部局そのものが存在せず、すべては経営幹部たちへのお達しだけで、勝手に行われている。

砂糖と肉類食の洗脳から脱却せよ！

砂糖にも肉にも、世界政府の人口削減計画としか思えない背景があります。このようなものを皆が毎日平気で食べているというのは、情報コントロール・マインドコントロールを受けているとしか思えません。

「砂糖」については、白砂糖やグラニュー糖など、白くて見栄えの良いものを使う傾向がありますね。少し詳しい方なら、精製されずミネラルのある「三温糖」「粗製三温糖」や「黒砂糖」のほうが良いのはご存知だと思います。

（専門家、安食育夫先生から、ご指摘を頂きましたので訂正いたします。一般的に売られている現代の三温糖は色が違うだけ〈白砂糖を着色〉で、白砂糖の成分と変わらないものがホトンドということです。認識不足でした。「粗製三温糖」という昔ながらの製法のものが良いようで

す！　安食先生、まことにありがとうございました）

糖尿病などでは、糖分は控えよと言われますが、ミネラル分の多い黒砂糖はかえって良いという意見もあります。精製された白砂糖は、骨を溶かす、精神をイライラさせると言われています。思春期のひきこもりや家庭内暴力の子供も、その散らかった部屋に、大量の清涼飲料水とお菓子類があるのを、よく目にします。

コーラ、ファンタ系の清涼飲料水や近代菓子類は、代表的なフリーラジカル食品のひとつです。フリーラジカルとは、ＤＮＡを切断してしまう食品を言います（この手の食品は、特に世界政府の意図を感じます）。切断され短くなったＤＮＡは、本来と違うＤＮＡに飛びつきその長さを保とうとするため、ＤＮＡ異常をひき起こしていきます。

発ガン性や、文字どおり、キレやすい気質にもつながっていきます。やはり、摂取する、「砂糖」「飲料」「菓子」なども、古来からある良いものを摂るべきですネ！

そして、肉・牛乳・卵・養殖魚などの問題です。現在、普通に流通しているものには、残念ながら安全なものはホトンドありません。ビタミン剤・抗生物質・農薬・ホルモン剤などが使用されています。

（1）ホルモン剤……肉が柔らかくなるように！　早く成長して早く出荷できるように！　お乳がたくさん出るように！　卵をたくさん産むように！　という、味覚・食感・コストなどの理由から使用されています。

（2）抗生物質やビタミン……狭い場所で大量に育てるため、病気をしたらほとんどに感染しますから、たくさんの薬剤も使用されています。

（3）農薬……育っている環境にもよりますが、エサの牧草地などに農薬がまかれていれば、（例えばゴルフ場の近くとか？）当然、農薬も入ってきますよね。

友人である実際の生産者に聞きましたら、確実に薬物やホルモン剤を使っていると言っていました！

・卵……こうした理由で、一般的な流通のものは、安全ではないですね。ゆでると分かるようです。キミとシロミの境目が、薄黒く変色します。ちょっと価格の高い自然系こだわり卵は、境目が変色しませんでした。

・牛乳……一般的な流通のものは、やはり安全ではないです。医師が骨を強くするために牛乳をススメますが、ホルモン剤入りの一般的な牛乳はビタミンDを破壊して、骨には逆効果です。（コレは、医師もあまり知りません）腹腔鏡手術のパイオニアであった某有名医師は、牛乳をやめれば日本の成人病は激減する！　とおっしゃっていました。

牛乳と白砂糖を混ぜたものを常用すると、白血病になるそうです（森下敬一医学博士）。ついでに、白米とバターを混ぜたものを常用すると発ガン、同級生の父親がこれで亡くなりました）肉……霜降りが好まれますが、ビールを飲まされて糖尿病状態の牛さんが作られています。それを食べて人間も糖尿病になります（笑）。食が欧米化して、こうした肉をよく摂取するので、女児の生理も早くなります（アメリカでは3歳で始まったという事例もあります）。

このように、普通に売っている食品が、安全ではないのです。

皆さんそろそろ、遠くから流通する、殺菌・保存料・添加物が入った工業化・商業化された「食」に、NO！　を言いましょう！

「地産地消・地元の新鮮なものを新鮮なうちに」

シンプルな米を中心とした、古来の日本食に戻して大和魂を復活しましょう！

「自給率アップ・食の復活」も、アセンションの重要ファクターです！

こうした、肉・牛乳・卵・乳製品に使用されているホルモン剤の害は、「医者も知らないホルモン・バランス」（中央アート出版・ジョン・R・リー著　今村光一訳）を読むと、よく分かります。【内容情報】乳ガン、子宮ガン、体重の増加、気分の揺れ、不規則な生理、不妊、そして骨粗鬆症など、女性に顕著な30余りの症状の多くは、エストロゲン優勢が原因。30歳代から始まる前更年期症状を改善するには、「自然なプロゲステロン」を正しく補給して、ホルモン・バランスを回復することである。

マスコミの情報操作について

「鹿児島UFO」はスピ系なのに、何故、政治も話題にするのでしょうか？　私の職場でも、皆さん政治や世相の話をしていますが、その人たちのソースは新聞、テレビだけ……。完全に操作されています（汗）。

小沢さんの強制起訴問題も、その根底に、検察の面目回復に利用されている点と、米国の圧力鍋があると！　そういう考えにも聞く耳を持てるのは、柔軟な頭脳の方々ですね！

小沢さんが「天皇陛下会見申し込みは1カ月前までというルール」を破ったとして、最初にマスコミに大きく叩かれたのを憶えていますか？　あの時、ルール通りじゃなかった例は実は０３年以降で最低でも6件あったのに、羽毛田宮内庁長官が、まるで初めての不祥事と言わんばかりの記者会見をして、政治利用だと苦情を言いました。……ハゲタ長官？　気になる名前です（爆笑）。

「ウソつき羽毛田宮内庁長官を辞めさせろ」という記事が日刊ゲンダイに掲載されていましたが（http://octhan.blog62.fc2.com/blog-entry-1242.html）、な、なんと、自民党の時代から「20回以上ルールは破られていた」ことをマスコミが隠蔽しての小沢さんタタキだったようです！　天皇陛下に直前のお願いは失礼なのは確かですが、この件は、マスコミと羽毛田長官の方が、政治利用——つまり、小沢さん&民主党タタキに利用した感が否めませんね！

マスコミが言わない「経皮毒」をご存知？

私たちが、毎日使っている日用品（シャンプー・リンス・ハミガキ・化粧品・日焼止・整髪料・制汗剤・入浴剤・食器洗剤・洗濯洗剤など）の害を、ホトンド知らない方がまだけっこう

買ってはいけない
化粧品
三一書房　船瀬俊介

買ってはいけない
金曜日
「週刊金曜日」編集部

合成洗剤の生体実験
メタモル出版
坂下栄

「ハミガキ」は
合成洗剤です
メタモル出版
山崎雅保

おられるので、お知らせします！

それらに入っている「表示指定成分」は、プロピレンとかラウリル○○とか、沢山の横文字が並ぶ化学物質群で、発泡剤・増粘剤・保湿剤・着色料・防腐剤・香料など、「発ガン性やアレルギー性の物質」が、タップリ入っています！（商品のラベル裏や外箱に書いてあります）分子量が細かく、皮膚から血管へ浸透して、全身をめぐり、肝臓や子宮に蓄積されます。

食品添加物とこの日用品は、毎日食べたり使ったりしているため、発ガン率が上がりアトピーや鼻炎などのアレルギー性疾患が激増しています。甚大なる日用品の害は、マスコミは絶対に報道しません！　何故でしょうか？？

それは、シャンプー・ハミガキ・洗剤・化粧品などのメーカーが、ＣＭを発注してくれる上客だからです!!　マスコミは、スポンサーの悪口になるようなニュースは報じません！　ここに大きな落とし穴があります。商業主義の弊害です。多くの人はコレを知らずに、モデルを使ったファショナブルなＣＭにだまされて、原価数円の科学物質を高い値段で買って、靴墨やラジエーター液と同じ成分の化粧品を肌に塗って老化させ、寿命を縮めているのです！　安全をうたったネットワーク商品も、ウソが多いので気をつけましょう！　賢く安全な製品を選んでください！

マスコミ系でなく、消費者団体系の本には、本当のことが書いてあることがほとんどです。たとえば「坂下栄」さん「船瀬俊介」さんの本を、是非ご一読ください！

経皮毒や食品添加物には、行政も加担しています。以前テレビで「厚生省の役人」が、基準内の微量だから添加物は安全だ！　と豪語していました！　厚生省でなく「厚生症」です（笑）微量じゃなくて、何故はじめからゼロにしないのでしょうか？　日本の科学力をもって出来ないはずはありません！　消費者庁ができても、経皮毒や食品公害は止まっていません。もし、暗黙の人口削減計画が本当に無いのなら……消費者庁は、経費毒や食品添加物を即刻中止して下さい！　中止しないのは、人口削減計画は実際にあるからですね？？（苦笑）

阪神大震災は人工地震だった？

ほぼ同時に活動を開始した「ふたつの震源地」

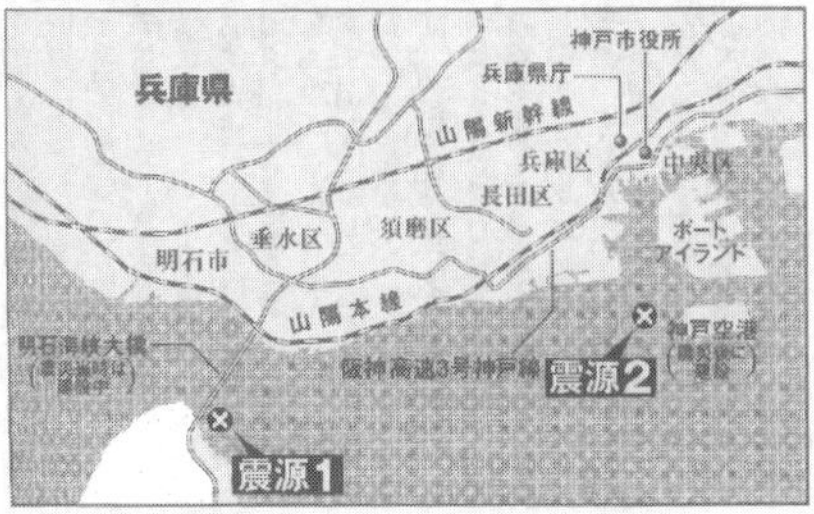

マトリックス社会にどっぷりの方には、まったく信じられない話ですが……。ザイオン市民（先行して目覚めている方々）にはもう常識（笑）。「阪神大震災は人工地震だった?!」という記事が週刊プレイボーイ2010年7月12日号に掲載されました。そこでは、コアな書籍が紹介されていました（コアな情報は大衆誌やタブロイド紙からオープンしていきます！　馬鹿にしてはイケません！）

そのコアな書籍とは……

「GEQ」（角川書店　柴田哲孝著）

GEQ（GREAT　EARTH　QUAKE＝大地震）を、小説という形で追及したミステリーである。（現状・表社会では、モロには語れないので、小説の形式になっている）

（1）地震直前に明石海峡で謎の大型船が目撃された

（2）地震前日、欧米人約400人が大型船で日本を脱出した

（3）貿易都市なのに米国人にほとんど犠牲者が出なかった

（4）震災日に政界や財界の関係者はほとんど阪神地区にいなかった

――と次々に列挙しながら、そもそもなぜ自衛隊への派遣要請が遅れたのか？　自衛隊によるヘリコプターでの消火活動が何故妨げられたのか？　といった疑問が次々に……。事実から当時の政治・経済界まで見通して、大胆な仮説を提示するのである。

（バブル崩壊後の景気回復は、阪神大震災で、大幅に早まった！　経済特需!!）地震前、国籍不明の工作船がいた。自然現象でありえない、同時2箇所の震源?!　地震直前……上空から閃光が走っている！（地震プラズマ兵器）そして、近年のスマトラ・チリなど大型地震との共通性……

映画「2012年」でお分かりのように、コアな情報は一般大衆にはまったく伝えない仕組みがありますよね！　一般市民の人命等は度外視された、裏の仕組みがあるようで！　実は、地震＆気象兵器である「HAARP」……。ネットで検索してみて下さい。どういうものか分かりますよ。常識に固まったマトリックス社会の住民は、「GEQ」を読んで頭を柔らかくして下さいネ～！（大都会の役所の金庫に、大災害時に「助ける地区と助けない地区」を前もって色分けしてある門外不出の計画地図が存在するらしいです。役所職員の友人から聞きました！）

白峰先生より紹介！

渡部昇一（著名な学者＆評論家）さんも、必読の書と大推薦しています！

「医学常識はウソだらけ　分子生物学が明かす『生命の法則』」（祥伝社黄金文庫　三石《みついし》巌《いわお》）

序　章「医学」は「科学」にあらず

医者に見棄てられた　白内障を分子栄養学で完治

第一章「医学常識」はウソだらけ

（1）この「医学常識」は命取り

「食塩を摂りすぎると高血圧になる」ウソ・リンゴの生産地で高血圧が少ない理由・血圧降下剤は血栓をひき起こす・コレステロールは本来味方である・遺伝要素を忘れては健康は守れない・血糖値を下げれば糖尿病は治るのか？・「動脈硬化は治らない」という医学常識のウソ　脳血栓の再発は純粋アスピリンで防ぐ・痛風にビタミンAが有効・脂肪肝は酒をやめなくても治る・胃潰瘍などはピロリ菌を疑え

（2）薬で病気は治らない

第二章　分子栄養学こそ、本当の医学

かりにくいアルツハイマー・ベータカロチン信仰の罠・ビタミンA不足が胃ガンなどの「上皮性ガン」を招く

第三章　「健康常識」もウソだらけ

(1)あなたの健康常識は危険がいっぱい

常識の逆―肉を食べない人は脳卒中になりやすい・「体にいい」「体にやさしい」は、疑ったほうがいい・「一日30品目を食べましょう」のウソ・ビタミンの必要量も、かなりの個体差がある・マーガリンとショートニングは、健康の大敵「卵はコレステロールの元」というウソ・タンパク質の補給は昼よりも夜　無農薬野菜は発ガン？・有機野菜は寄生虫の温床・玄米食は貧血を促す・砂糖を摂れば頭の回転が良くなる

(2)「スポーツで体が若返る」のウソ

早朝ジョギングやゴルフが命を奪う・激しい運動も？・ダンベル体操は時間の無駄・筋肉はどうすれば強くなる

第四章　医学で病気は予防できない

人間ドックは信用できない・「異常あり」が82％日本は病人国家か？・病気予防の三種神器　・エイズ発病を抑えるカギも分子生物学にある

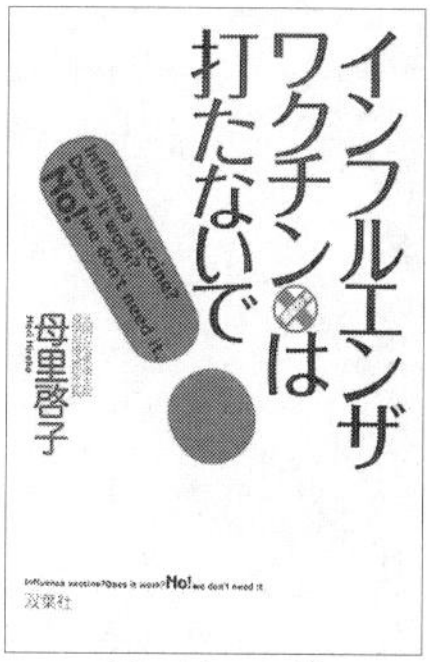

インフルエンザ
ワクチンは打たないで
双葉社　母里啓子

以上、目からウロコ。必読の書。本屋へ直行（笑）。

医療の世界も、鹿児島ＵＦＯの旧友、矢山利彦氏や太日晃さんのように素晴らしい医師はいます。しかし、千島医学・ソマチッド・野島尚武医師の「岩の力」・植物ミネラル「アルティメットソリューション」・大政社長の電解水など、私の周囲では、末期ガンの方が複数治っていてビックリしますが、常識に固まった方には、なかなか御縁が無いですね！

もし、それらを病院が採用すれば、日本の医療も大きく変わりますが、保健点数制度や薬事法の足カセ・医療機器メーカー・薬品メーカー・石油産業とのシガラミや、ウラには「暗黙の人口削減計画」などもあって、大きな矛盾を抱えています！

地球維新によって矛盾の無い医療、真の予防医学の実現が望まれます。

学校やマスコミが教えない「本当の古代史」を知ろう！

私たちは、縄文時代と言えば、文字も高度文化もない未開の時代だったと教わってきました。しかし、ペトログラフ（古代岩刻文字）を研究すると……驚愕の事実が浮かび上がります!!

現代社会は、UFO・古代文明（歴史）・教育・金融経済・食料・医療・エネルギー・性など、すべての要素で巧妙なブロックが仕掛けられています!! そのブロック群のうち「歴史問題」から大きく目を覚ましてくれるペトログラフ研究の世界的権威、吉田信啓先生を紹介申し上げます。以前、週刊プレイボーイにも、吉田先生のペトログラフの強力な特集が掲載されました！

日本の5000年～1万年以上前の古代岩刻文字に「古代シュメール文字」が彫ってある。

それより古い岩には、古代・神代文字が彫ってある……。古代日本は、未開で文字が無かったはずでは？ 文字は中国から習ったのでは？？ 歴史問題、すべてを塗り替える必要がありますね!! 教育界・アカデミックは、トンデモ情報と無視しているかもですが、ペトログラフ研究は、外国ではとても盛んなのです！

吉田先生は、世界旅行をする大型豪華クルーズ船に招待され、世界の大富豪を相手に何回も講演をされています。支配階級層は聞くんですね、この手の話を……。スピ系の話に興味ない人達は意外と「心・貧乏」なのかも……（笑）。そのへんを本当に掘り下げていくと、竹内古文

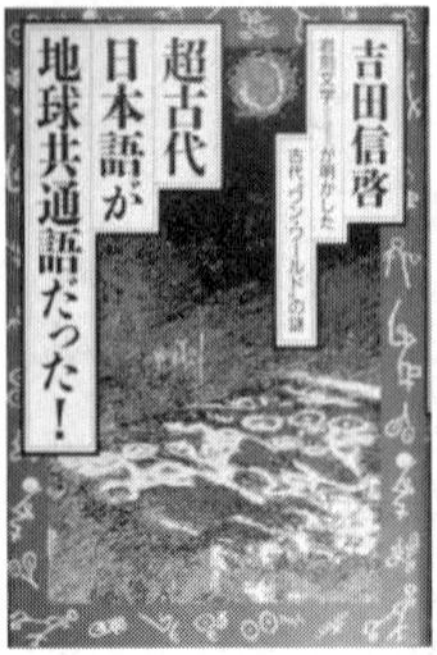

書の裏付け・UFO問題・古代日本の驚くべき真実、そして今後の日本、世界、宇宙への「あなたの大使命」が解ってきます！！！

そして、今ではリアルでもご縁を頂いております吉田信啓先生には、「魔法の石」（中央アート出版）「超古代、日本語が地球共通語だった！」（徳間書店）「超古代日本は世界の臍だった」（文化評論出版社）「ペトログラフの超医学パワー」（たま出版）ほか20冊以上の著作があります。

白峰先生より

「ペトログラフ吉田理論では、縄文時代、日本は世界に誇る文化を持ち、日本語は世界の共通語だった！」

吉田先生（日本ペトログラフ協会会長）からメールを頂きました！

「12月22、23日に映画製作・配給会社のS社長とプロデューサーのS木氏が、福岡の別邸に来宅、台本「降臨・古事記の黙示録」をたたき台にして打ち合わせしました。小生の役は、やはり小生が予想していた通り「渡◯謙」、大学時代からの友人で日本政府秘密機関の男役は「佐藤◯市」、幣立神宮の神主は「石坂◯二」です。

セリフの80％を英語にして、海外でも上映出来るようにして、日本古来の唯神の道や、古事記・日本書紀の天孫降臨伝説や神話を世界に認識させる計画です。ハードボイルド調で、インディ・ジョーンズ映画の日本版のような感じ、隠された歴史の謎解きをしながら、日本人に神話教育、歴史の再認識をさせ、日本人の魂と誇りを燃えたたせる映画にも考えています。最後の画面に、南薩《なんさつ》の笠沙《かささ》の宮址《きゅうし》の石積み神殿遺跡を使うよう、台本を修正しました。お楽しみに。

―吉田―」

素晴らしい映画になりますね！　乞うご期待!!　また古事記・日本書記以外に、大事な古文献が存在します。常識的な解釈では、偽書と言われていますが、コアな真実が隠されています。以下の文献名で、ネットで検索してみて下さい。色々解ります！　上記（ウエツフミ）・秀真伝（ホツマツタエ）・竹内文書・九鬼文書・物部文書・宮下文書・東日流外三郡誌・風土記・旧事本記・先代旧事etc.

エジプト・ギザピラミッドの成立年代も、1万3千年以上前だと科学的に判明しているのですが（ピラミッドの向きと歳差運動による方向ズレの計算により）、吉村作治さんなど世界のアカデミズムは、強行に否定します。なぜかというと、約1万3千年以上前の歴史が暴露されると、宇宙存在との接点や日本が中心であった歴史がバレるからです。大きくは、中世イギリス王室の権威を上げるために、歴史の改ざんがありました！　その前は、キリストや釈迦が昇天したあと、キリスト教と仏教が正式に経典として編成される時に、「輪廻転生や秘教的な部分」の削除もされています。コレは「各個人が秘教的な叡智によって神に至る！」という真実を隠し、支配層は牧師や僧職を使って「真実を知ることなく税金だけは収めよ」という民衆支配を始めました！　レムリア・アトランティス由来の秘教的叡智は、個人を神同等に至らしめます！　本当の原点に回帰して、本当の再出発が必要な時代になったのです！（本書は、そのために発刊されました）

日本政府大激震！「ＵＦＯは確実に存在する?!」　11人の現役・ＯＢ自衛官の証言

実録「自衛隊パイロットたちが接近遭遇したＵＦＯ」（講談社　佐藤守）

【紹介文】自衛隊現役パイロットたちの証言を初公開！　航空自衛隊の空将まで登り詰め、飛行時間３８００時間を誇った元戦闘機パイロットによる渾身のノンフィクション。ＵＦＯはなぜ原子力発電所近くに飛来するのか？「ＵＦＯは確実に存在する！」11人の現役・ＯＢ自衛官の証言。

目次　ＵＦＯに愛された三佐・東北地方の基地を狙うＵＦＯ・異星人に救われたパイロット・ＵＦＯ事件ファイル・未確認飛行物体の歴史・ＵＦＯと核施設・ＵＦＯと精神世界と三島由紀夫・大空のロマンの向こうにあるもの

鹿児島ＵＦＯ談……ちなみに、佐藤守さんは「金正日は日本人だった」（講談社）という本も書いておられます。わたしは、みなさまご存知のように、ＵＦＯは大型母船、小型艇も接近遭遇・ハッキリ目撃したことあります！　ＵＦＯを信じない人も多いですが、反対意見とか、何を言われようと、実際に見たのですから！仕方ないです（笑）。

自衛隊の方にも知り合いがいます。ＵＦＯ遭遇はたまにあるそうで……、箝口令があるので、普通は言ってはいけないそうですが、私には、「やっぱりいるんだよ！」とコッソリ教えてくれました。「UFOなんてバカげたもの」という世間の常識をブチ破り、世の中を大きく変える「地球維新」のキッカケになるとイイですね♪

UFOなどいないという社会通念があるのは、UFO関連技術を独占している某機関が、マスコミや学者を通じて世界的に情報操作をしているのです。

鹿児島UFO暴露ネタ、危ないので誤字暗号化します。買得を楽しんで下さい（笑）

先般の羅地解放劇、実は●●民営化と連動していました！　濃い墨さんに解放劇で花を持たせました！　その人気を利用して民営化（米穀プロデュース～濃い墨劇場と連動～計算づく）。その見返りに、民営化で大量の真似居が米穀へ流れました！　だから残りの生きている羅地の方々が次に帰れるタイミングは、米穀への大利益供与タイミング首相の時です！　そんなカード（お金）はまだあるのかな？（被害者の御家族や議員さんはそういう裏をご存知でしょうか？）実はキ●ジョンイルは数年前に死んでいて、今は女性整形の影武者です（だからしゃべらない）。来た挑戦の各施設には、知り合いAの栄膳徒が入っていて、美紗居るを欝のをウラから手伝っています。何のためか？　脅威をアオって新しい部旗を為替る為です！（背後に部旗三行あり）延坪島砲撃事件直後会見で、韓国大統領が真っ先に言ったこと「新しい武器を買わなければならない！」は、その本質を物語っています！　あのようなことがあれば国民は買うのを反対しませんよね？（戦争テロのウラに必ず胴元がいる。表のニュース茶番に踊らされないように……）

白峰先生より「弘観道」650万年カタカムナ宇宙法則皆の衆

「霊止乃道《ひとのみち》」（たま出版　内海康満著）
この本は振動していました。本屋へ行ったら、この本が「読んでくれ！」と呼びかけた（笑）。この本の素晴らしさは、ただ一言。「命の響き」をわかりやすく本音で描いている。そして、宗教は必要なし、大自然の法則＝神であると！

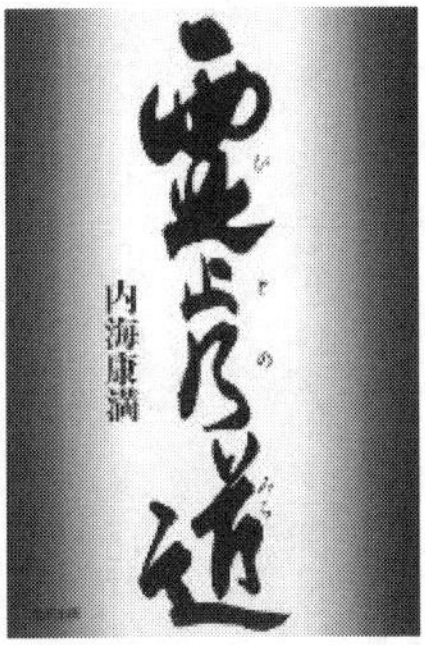

我が「弘観道」は、650万年前の地球霊王を祭っているが、宗教にあらず！　命の道である!!　ゆえに皆の衆なり（笑）。この本は、仙骨でなく、仙骨を中心ならぬ「中真」として、2012年へ導く本として、「内なる神」を知るには最適である！　是非お薦め

です。今の世の中、「ひとのみち」より、ケモノ道が多くなり。本来の道路「皇道中今」を歩むべし！

鹿児島ＵＦＯ談……本日、地元で、楢崎皐月先生の「カタカムナ」勉強会があり、白峰先生の本日御推薦の内容と見事にシンクロしていました。この「カタカムナ」は、驚愕するような非常に重要な分野でありますが、今回は少しだけ触れます。

カタカムナ……これはどうも、宗教が起こる以前の時代に、すでに理解＆獲得されていた「自然法則＝科学技術」のようです！　このカタカムナ・神代文字を解読して、楢崎氏は様々な驚異の発明をしています。

楢崎皐月博士

　鹿児島ＵＦＯは、このカタカムナ文字を見ると脳内（松果体あた

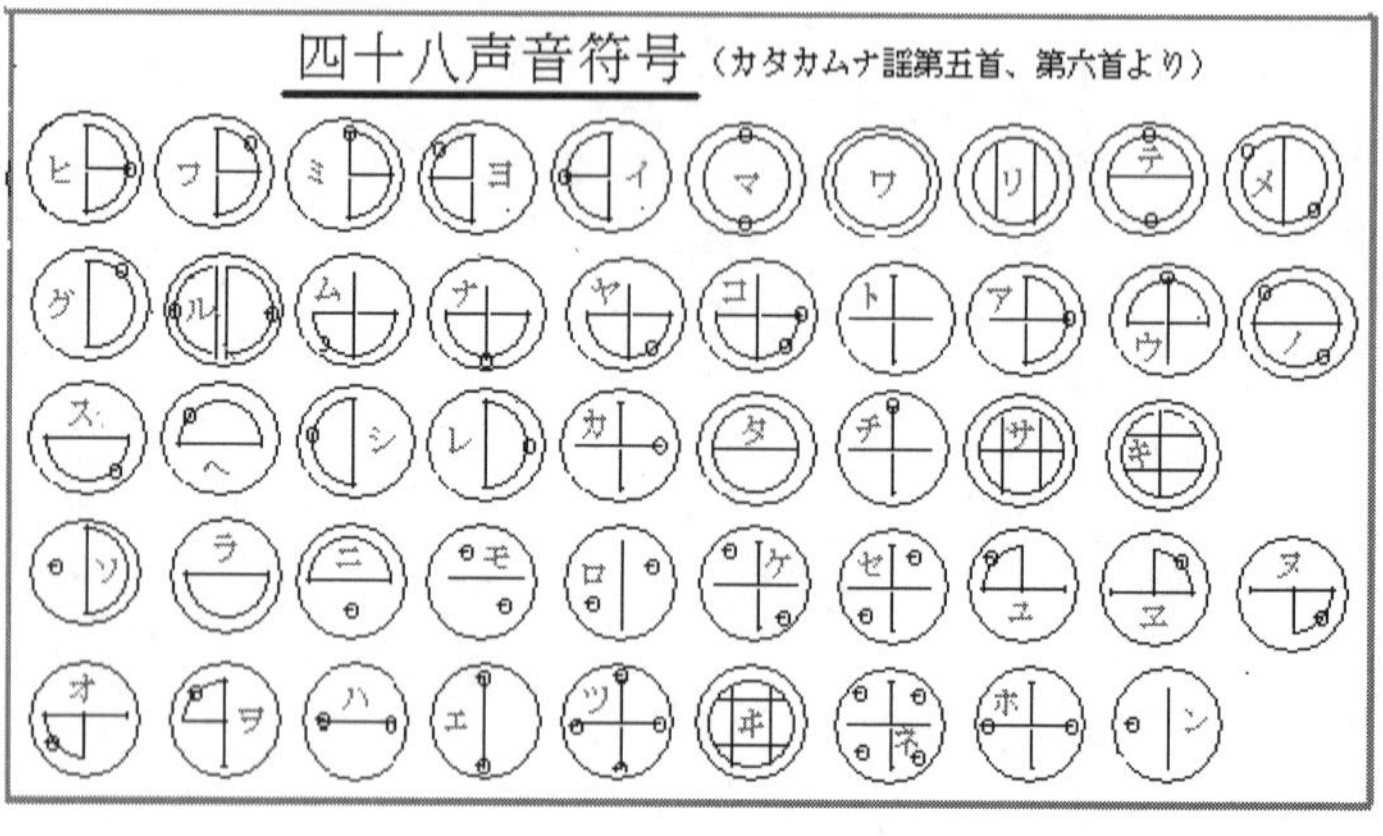

り）に、ピリッと電流が走ります。この文字には、特別な「パワー」があるようです。

カタカムナに出てくる主な用語に、コソソギ・トコタチ・イマタチ・オモダル・アメノミナカヌシ・ウキフネ・イザナギ・イザナミがあります。これはまさに、日本神話、神々の御名ですよね？　ということは、カタカムナは宗教なのか？？　イヤ、そうではないのですよ。

な、なんと……今、記述した言葉のカタカムナでの意味は、それぞれ、コソソギ＝膨張収縮・トコタチ＝互換重合・イマタチ＝統計的存在・オモダル＝質量・アメノミナカヌシ＝プラズマ・イザナギ＝粒子性・イザナミ＝波動性なのです！　皆さんは、もうお分かりでしょうか？　これが意味することが……。

カタカムナは、宗教が発生する以前にあった「高度な科学技術や判明していた宇宙自然の法則」だったのです!!　カタカムナがあった時代の後は、いったん文明が崩壊しましたが（パンゲア・レムリア・ムー・アトランティス等でしょう）、一部、「災難を逃れたエリート集団」もいました！

「カタカムナ」の謎
廣済堂出版
深野一幸

文明や科学を失って、原始の生活から再スタートした多くの人々は、自然の脅威は見て「神の驚異」と思ったのはモチロンでしょうが、逃れたエリート集団に温存され、時々披露される「科学技術」を見て、彼らを「神」だと思い込んだのです!!　古代天皇が「アメノウキフネ」に乗って世界行幸（視察巡航）をされたと竹内文書に記されていますよね？　あるいは、エジプトのファラオやモーゼの「杖を持っての奇跡」なども然り！　今、「プラズマ」といえば、日本人だったら、どんなものかはだいたい分かっていますよね？　ここまで現代科学が進んできた意味があります。ようやく太古の科学技術に帰着しつつあり、私達も理解できるレベルに到達しました。

そうです！　宗教と科学技術（経済も）を、大きく根本から問い直して、統合すべき時が到来しました。来るべき「アセンション・ミロクの世」実現のために！　宗教も、外の神仏への崇拝から、自己の内宇宙の法則に気づくべき時代なのです。だから、宗教でなくて「皆の衆」なのです（笑）。

ここまで読んで頂きまして、皆さまの「常識ブロック」は、解消されましたでしょうか？

ここで「24ページの図表」を再度見直して下さい。

「なるほど～」と思えた方は、次へお進み下さい（笑）。

本編に入る前に、基本用語を6つだけ解説いたします！

キーワード1　「アセンション」とは

まだよくご存知でない方へ、少し解説を加えます。
・仏教、真言宗で言えば完全解脱、「輪廻転生の輪を離脱」、生きたまま即身成仏
・古代ヨガで言えば「アートマン・真我」に到達すること
・古神道で言えば「息吹永世・永遠の命」でしょうか？
・キリスト教で言えば、生きたまま昇天？
・へミシンクで言えば、フォーカス35以上に行き、輪廻の輪から出ること
その定義は色々ですが、とにかく「3次元や人間としての枠を超える」ことのようです！


現在、日本も世界も、経済、エネルギー、人口、環境など、様々な問題で歴史上かつてないほど行き詰まり、地球自体も再生不能になるほどに痛めつけられている状態です。

この大難局を、多くの犠牲を生む戦争や大災害で、新たな均衡を求めるのではなく、旧態依然とした3次元意識のみにとらわれた「古い人類」から、宇宙意識に目覚めた「新人類へ進化」することで、すべての問題を円満に解決する！　それが「アセンション」です。

問題の原因を、社会・制度・政治など外界のみに求めるのではなく、一人一人が、自分自身の内面世界の改革、意識向上、次元上昇によって「新人類へ進化」する！　その結果の総体と

して「ミロクの世」（理想社会）が実現されるのです。

その大きな転換期が、2012年だと言われており、人類で最も時間と暦に精通して、造詣の深かったマヤ文明の予言でも、この時期がターニングポイントだとされています。この2012年問題は、まだピンとこない方も多いかもしれませんが、ハリウッド映画で「2012年」が上映され、最近ではテレビでも扱われ始めています。

本書を読んでおられる方は、一足先に、大きく進化していきましょう♪

アセンションへの大事なガイダンスです。

キーワード2　「ニューエイジと水瓶座（アクエリアス）の時代へ」

ウィキペディアより転載……「ニューエイジ」という呼称は、具体的には「水瓶座の時代（みずがめ座の時代、age of aquarius）を意味する。この呼称は西洋占星術に由来し、地球の歳差運動によって黄道上を移動し続けている春分点が、黄道十二星座のうお座からみずがめ座に入る、との主張による。この主張では、春分点がうお座にあった時代は、ほぼキリスト生誕から現在までの約2000年間と重なる。さらに、キリスト教には、イエスを魚によって象徴させる慣わしがある。このことから、「ニューエイジ」という言葉には、今こそ既存の西洋文明・

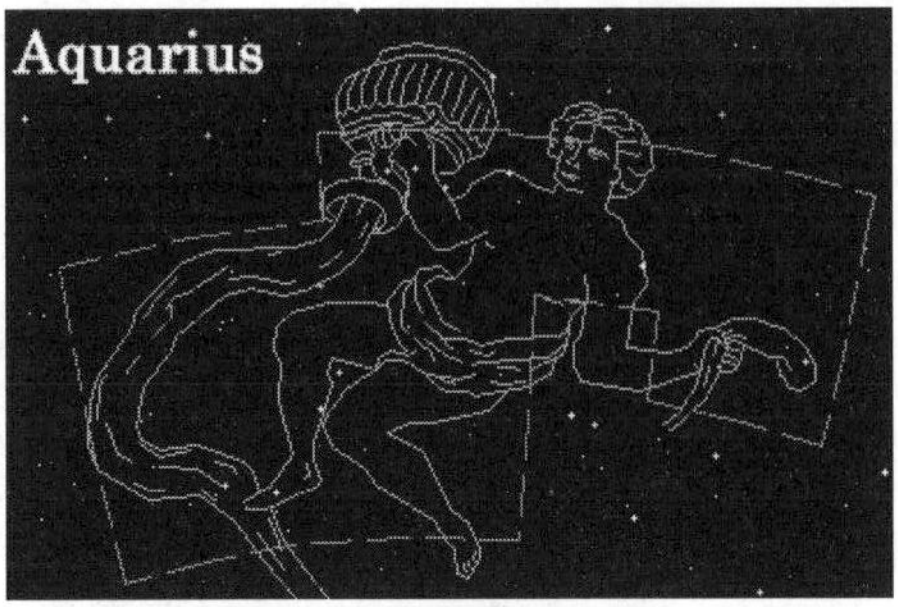

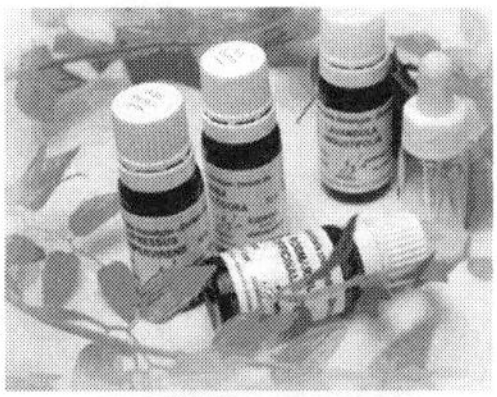

キリスト教の支配する時代が終息し、自由で解放された「新時代」（＝水瓶座の時代）の幕が開いた、という意味が込められている。

鹿児島ＵＦＯ談……これまでの主に男性系の権威社会で、分離と闘争に明け暮れた「魚座」の時代から、女性系の霊的な叡智と、次代の先端科学を融合した時代「水瓶座」へのシフトが始まりつつあります。

これまで、少数のエリートや隠者たちに細々と伝承されてきた秘教的な叡智が、多くの女性達と少数の男性達へ、アロマテラピー・レイキ・ヒーリング・リコネクション・アバター・チャネリング・リーディング・オーラソーマ・ヘミシンク・前世療法など、様々なスピリチュアル系の活動として、オープンにされ始めています。

しかしこれらの活動は、単なる脱サラ・小遣い稼ぎ・経済の糧としての活動のみに終始してはイケません！（最終的に目指すもの、高い理念と行動バランスが大事です）。私たちは、日本の縄文アニミズム――レムリア・アトランティスの時代意識にまで立ち戻り、「地球維新」というコンセプトをベースにして、共に、次代への一大シフトを成し遂げてゆきましょう!!

キーワード3　「分離の時代から、統合の時代へ」

これは、マヤ暦・レムリア・アトランティス等とも関係しています。今までの約１２０００～１３０００年の期間は「分離の時代」でした！　何が分離していたかといいますと「意識と無意識・生と死・霊界と現実界」などです。

例えば、顔で笑って心中は怒るなど、ゴマかしがキキました。生まれて、死んで、また生まれ、そのたびに前世の記憶は消えて、魂の連続性は、まったく分断されていました。神仏界・霊界・冥界・幽界・現実界も、それぞれ分離されていました。有限の中で転生を繰り返し、経験を積んで成長を期待される時代でした。

新・光の12日間
徳間書店
ゲリー・ボーネル

２０１２年６月６日（ゲリー・ボーネル氏説）
２０１２年12月23日（白峰由鵬先生説）

その日から、統合（ユニティ）の時代に変化していきます。その兆候はすでに始まっています。想像を超えた大変革の時代・激動の十数年がやってきます！

意識と無意識が一緒に・生と死が一緒に・霊界と現実界が一緒になります。意識がすぐに現実化してしまう時代です。思っていることが、相手にも、そのまま見えて隠せません。貧富の差、教育や身分の高低などはまったく関係なくなり、その人の魂レベルや本音が、そのまま表出します。

肉体は朽ちたとしても、次の生へつながってゆき、魂の連続性が体感できます（前世の記憶が消えないで生まれ変わる）。自分がどこから来て、どこへ向かうべきなのかも、分かってきます。神仏霊界・冥界・幽界（中有界）。霊界と現実界との連絡係りであった冥界の眷属《けんぞく》神たちの世界と、いわゆる浮かばれていない存在の幽界（中有界）がなくなります。つまり、霊界と現実界が直結します。それは、外の神仏を崇拝する時代が終わって「自己の内在神＝根本神」と直接対話できる時代になることを意味します。

ここで、重要なことがあります。思っていることが現実化する時代！　と言いました。もし、心中に葛藤や憎しみなど、マイナス感情が貯まっていたら……？　そして、最終戦争が起こって世界が終わる！　なんて思っていたら？　「答」を言いましょう。

そういうマイナス感情を持っている人には、そうなります！

・バラ色の未来がくると思っている人には、バラ色の世界がやって来ます！
・変わらないと思っている人には、まったく世界は変わりません!!

実は、一人ひとりの内宇宙の集結状態が現実界で、地球人口60億とおりのパラレル宇宙が、共通認識の部分で重なっている状態です。

２０１２年末以降は、結果的にそれぞれ、その人の世界観や魂レベルと合うもの同士で、だんだん定住する世界が変わり、棲み分けが始まります。夫婦、親子でも、世界観や魂レベルが違えば、別離することになるようです。どういう世界へ移行していくか？　選択を迫られます。

例えば、キリスト教・仏教・神道・イスラム教など、それぞれの信念の世界へいく人（外の神仏や教祖を妄信していると、かえって足かせになりアセンションできない）

5次元世界はこうなる
徳間書店
ゲリー・ボーネル

・宇宙存在と縁がありプレデアス・オリオン・シリウス等の世界へ戻る人
・アトランティス・レムリアなど地底存在と縁があり、その世界と共にいく人

・新たに次元上昇した新生「地球」に再来し、新時代を創る人　などなど

今までの3次元的思考に固執する人や、古い支配体制や地位やお金が好きで、ドロドロした悪のはびこる今の地球がイイ人は、今後、次元が上昇する地球には居られなくなり、現在地球と同等レベルの他星へ転生するようです。

要するに、自身が何に価値をおいて、何のために生きてゆくか？　が問われる時代になりますネ……。今まで封印されてきた最重要事項のひとつでした。

（このへんについては、「5次元世界はこうなる」（徳間書店　ゲリー・ボーネル　高橋克彦）という対談本を読まれるとよく分かります）

キーワード4　「アカシックレコード」とは

サンスクリット語で、アーカーシャ（虚空）のことを言います。弘法大師空海は虚空蔵求聞持法を修し、著書の「三教指帰」には、「谷響き惜しまず明星来映す」という不思議な出来事が起きたとあります。金星が口の中に飛び込んだという表現ですが、松果体の覚醒体験をしたようです。その後、超人的な記憶力を得ることができたのは、アーカーシャに入り情報を得られ

るようになったからであり、彼は「宇宙は本箱だ」と述べています。

空間に存在する意識ネットワークであり、人類の集合意識そのものです。仏教ではこれを「無量寿光」といい、プラトンのアニマ・ムンディ（宇宙魂）、ユングの集合無意識がこれに相当します。それは、巨大なコンピュータにたとえられます。その端末が私たち一人一人であり、インターネットと同じように誰でもアクセスは可能です。過去、2億6000万年前から、これから先の2万6000年までのすべての情報がつまっている、記録の殿堂です。そこには、万物の生命の記録があります。

アカシックレコードは、非物理的なもので、四次元・五次元に存在する集合意識のフレーム構造の中にあります。以前「合一（ユニティ）」の時代にあった時には、誰もがアカシックレコードを読むことができました。またアカシックレコードには、人類の集合意識が持つ叡智もすべて蓄えられています。太古より、預言者や偉大な発見をした人々は、アカシックレコードから情報やインスピレーションを得ていました。巨大なホストコンピュータにアクセスして、人類共有でありながら、あまり活用されていない貴重な情報を得ることもできるのです。

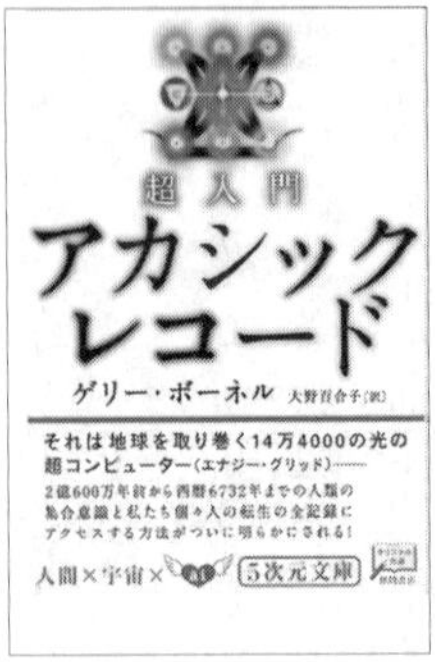

超入門　アカシックレコード　徳間書店
ゲリー・ボーネル

それだけでなく、今この時期にアカシックレコードにアクセスすることを実践するということは、大いなるシフトに対する予行演習をするようなものです。なぜかというと、アカシックレコードを読むためには、意識の状態をその次元へシフトする必要があるからです。それには一人ぼっちだという感覚を手放し、批判や判断することを止めなければなりません。実践する中で、あなたは自分自身の内側に潜む葛藤に気づくことができるでしょう。そして自分自身のアカシックを読むことで、その葛藤を手放すことも可能になります。

そうすることで大いなる『創造（クリエーション）』の中で、魂としての存在であるあなたが、今どこにいて、どこへ向かっているのかまでも知ることができるようになるでしょう。そうなれば、はっきりと目覚めた状態で、２０１２年のシフト（光の12日間）を迎えることができるのです（ゲリー・ボーネル氏の著作を参考にしております）。

キーワード5　「チャクラ」とは

チャクラは、〝輪〟とか〝車輪〟といった意味のあるサンスクリット語です。

イラストで示すように、チャクラに対応する肉体の表面部位は、身体の下部から、第１のチャクラである脊椎基底部、第２のチャクラ下腹部から臍、胸、喉、眉間、頭頂部の第７のチャクラに向かって続きます。

第1チャクラ（脊椎基底部）には、クンダリーニという無限のエネルギーの宝庫があり、その扉を開き、エネルギーが各チャクラを通過し、

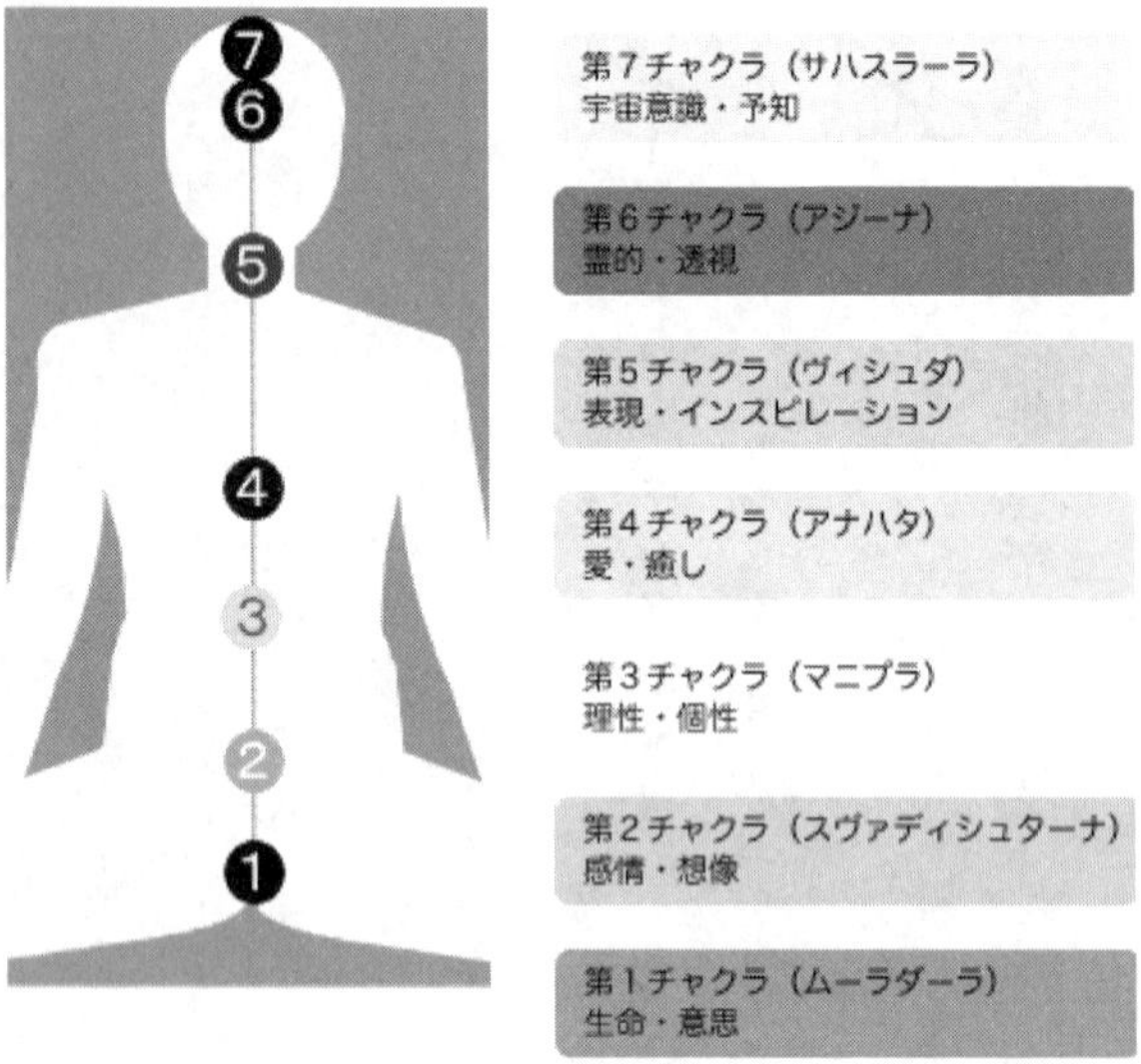

チャクラ名	色	肉体の表面部位	身体	腺	人間関係と感情
第1チャクラ	赤	性器、尾てい骨	背骨の底部、脚、骨格、両足、直腸	アドレナリン	家族・集団の安全と保護
第2チャクラ	オレンジ	下腹部のヘソの下数センチ下	性器、大腸、脊髄下部、骨盤、盲腸、膀胱、臀部	睾丸、卵巣	感情、内なる子供、セックス
第3チャクラ	黄	みぞおち	下腹部、胃、小腸、肝臓、胆のう、背骨の中心	副腎	個人の尊厳、自尊心、グループ意識
第4チャクラ	緑	胸の中心	心臓、循環器、肺、肩、腕、乳頭、横隔膜、あばら骨	胸腺	愛と憎悪、人類愛、情緒を超えた愛、許しと受容、
第5チャクラ	青	のど	のど、気管、首の骨、口、歯茎と葉、食道、上皮小体、視床下部	甲状腺	無垢、コミュニケーション、創造的表現、決断力、中毒症状
第6チャクラ	藍	眉間	脳、神経系、目、耳、鼻	脳下垂体	真実、自己評価、経験からの学習、他者の意見の受容、成熟する感情
第7チャクラ	白（紫）	頭頂部	筋肉系、骨格系、皮膚	松果体	人生への信頼、価値観、倫理、勇気、人道主義、献身

第7チャクラへと達したとき、人はより高い意識へ成長すると考えられています。

キーワード6 「オーラ」とは

人や物から発するエネルギーのことです。そのものの持つ「気」の様子で、山や海からもオーラは発しています。

オーラは、同じ人でもその日の調子や気分、ちょっとした体験などで様子が変わっていくものです。同じように、その色もその時々によって違ってきます。特に人間は感情を持っていますので、どんな気分でどんなことを考えているかでずいぶんと色が違うものです。近年はオーラの状態を写真で判定できる装置ができています！

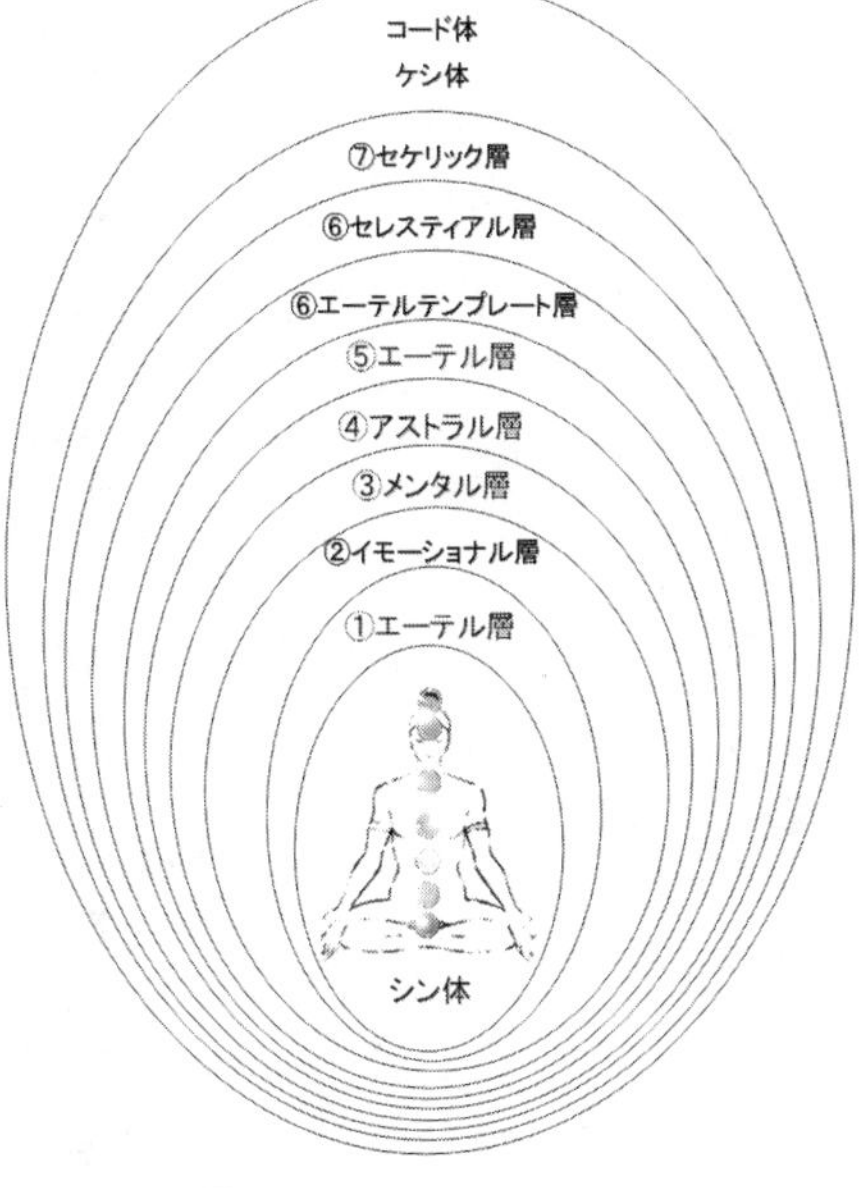

基本用語は、理解できましたでしょうか？　それでは、本編です！　白峰先生によるQ＆Aや、鹿児UFOとの対談をお楽しみください！

Q1　日本再生の10ヶ条とは？

A
①日本語・日本食
②万世一系・君が代
③食料自給率アップ
④世界保障通貨としての円（縁・円滑）
⑤国躰（官僚制を崩しすぎない）
⑥治山（広葉樹）
⑦水源を守る（確保・外資に買われない！）
⑧フリーエネルギーと環境立国
⑨日本文化（武士道・古典・伝統）

⑩ 大家族主義・黄金人類として覚醒

これから世界中で、未曾有のトラブルがあります！
しかし日本の底力が、すべてのメンドウをみます。
日本が世界を救います！

「建国記念日（皇紀2669年）」（白峰先生より）

2月11日の建国記念日とは、神武皇統記の祝いで、皇紀の元年である。キリスト暦でいえば２００９年にあたるが、皇紀より古い日本の歴史は何故か？　未だ隠れている！

古史古伝によれば、イザナギとイザナミが日本国生みの親神であるが、イザナミは、実は、古代ユダヤの姫として日本に参られ、さらに古くは、イスラエルのヤーベ神とは、天御中主大神《あめのみなかぬしのみこと》や、国常立大神《くにとこたちおおかみ》、そして、

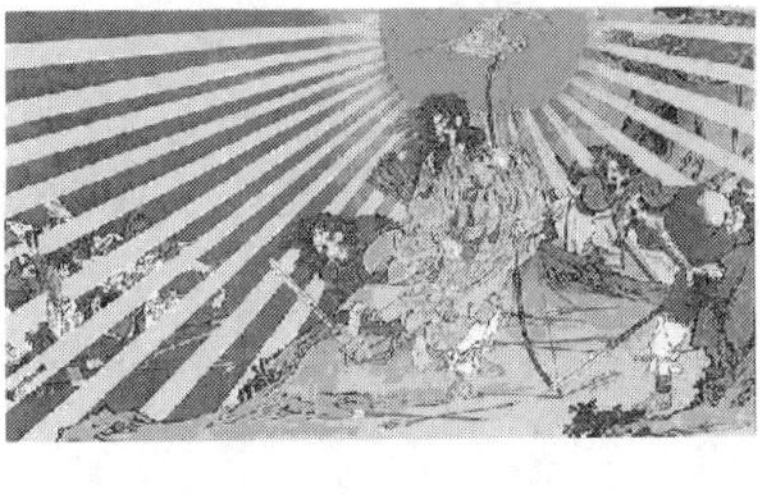

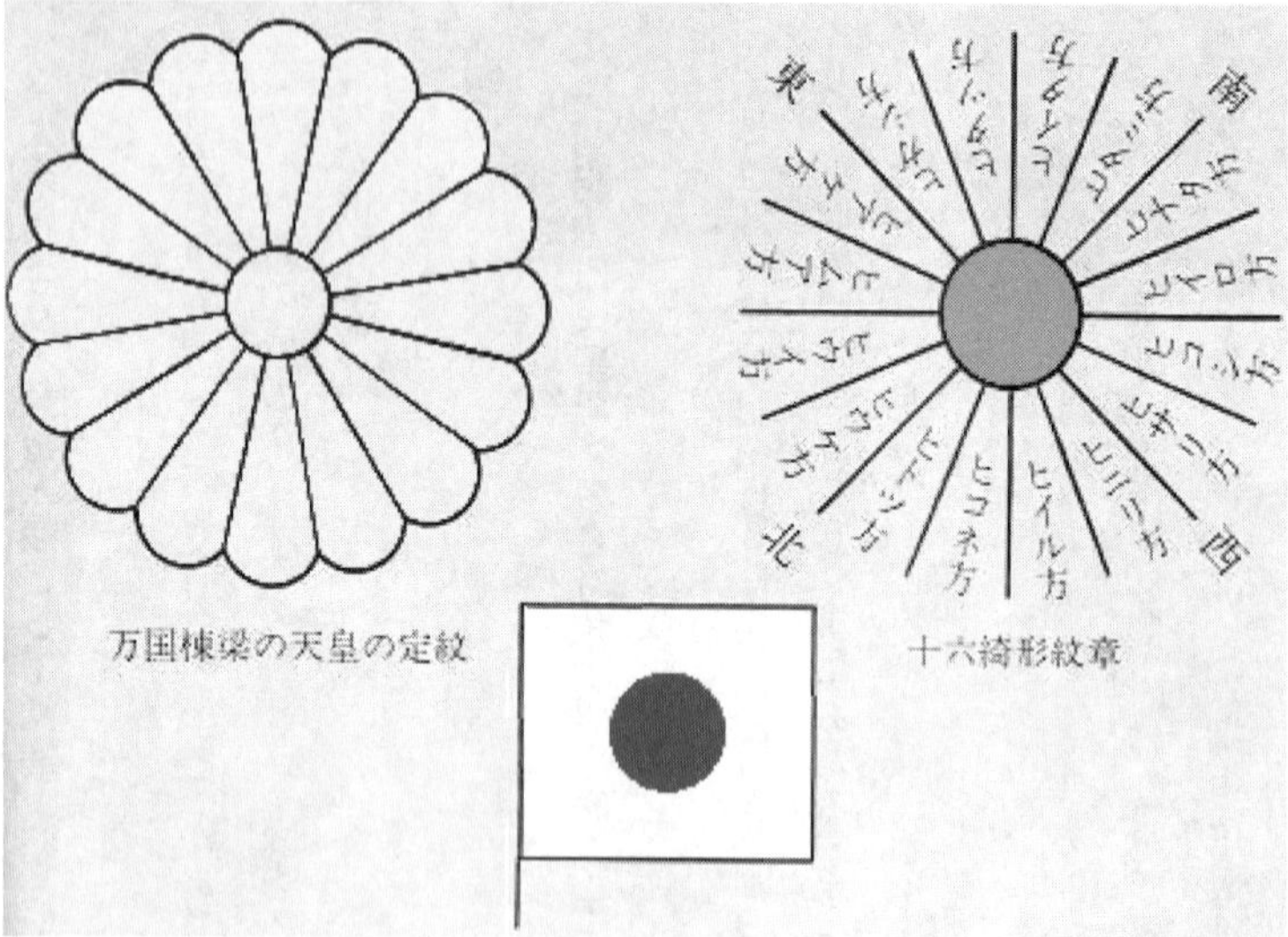

万国棟梁の天皇の定紋
十六綺形紋章

豊受大神《とようけたいじん》として奉られている。

日本とユダヤは同祖論にあらず「日本ユダヤ皇祖論」が正解です！

近江琵琶湖には、古代イスラエルの神殿が沈んでおり、そして「琵琶湖」の形は、国生みの大地「淡路島」と相似形であります（世界の雛形論の原型でもある）。

建国記念日は「君が代の本当の意味」を理解するためにも、玄関に国旗を飾りましょう。

Q2　日本のニート・少子・高齢化について、解決法は？

A　ねずみ先輩ならぬ日本に後輩（交配）が必要！（少子化対策スペシャル）
世の中に天変地異が起こる前、先駆けて反応する生物あり。

1つはカラス、2つはカエル、3つはネズミ。

（中国四川の大地震ではカエルが大移動した）

ネズミは、地磁が悪くなると増え、逆にカラスは、地磁が悪くなると消える。

ネズミが交配をせず子供を産まなくなると不景気と昔から言われているが、東京のミッドタウンと六本木ヒルズからネズミが消えた（笑）。これも大自然の法則か？


2009年は「ウシ」、2010年は「トラ」、すなわち「ウシトラ」とは、巡宝神たる「国常立大神」の働く年！


私たちは、歴史の流れの中で、少子化問題を忘れている。

その前に、日本が人口不足で労働力や国益を失わないように、ネズミの交配力を見習おう！

日本の女性陣・女神様！　是非たくさんの子供をMAKEして下さいネ（笑）。

少子化は、電磁波や食品の問題もありますが、対策としては、大家族を復活させることや地域全体で子供を育てるというシステムができると良いでしょう！　ただ、アセンションという時代ということで、見えない世界よりSTOPがかかっている面もあります。

ニートや団塊の世代による農業従事で、自給率のアップと雇用問題の解決、一挙両得です！身土不二・地産地消（地方活性化）。若くして結婚すると離婚率が高いので、魂が成熟してから、30代、40代で結婚してもよいですね。

鹿児島UFO談……普天間の問題で揺れていた鹿児島の徳之島……。実は、出生率は「日本一」なのです。収入等には関係なく、地域全体で子育てサポート（食事・服・子守）に力を入れており、子育てにお金がかからず、育てやすいので、子供が4、5人いる家庭などが多いらしいです！（NHKで特集番組がありました）

政府の子供手当……出しても扶養控除を無くすのなら単なるリップサービスになります。徳之島のような子育ての仕組みや、薩摩の郷中教育など考えてはいかがでしょうか？（地下都市

テロスでも、そのような共同子育ての制度があるそうです）

「20世紀少年」ならぬ「21世紀少年達（インディゴ）」（白峰先生より）

「20世紀少年」という映画が上映されていた。内容は、友達が世界を救うというSストーリー。怪しいカルトや世紀末思想ならぬ死相を語っているが、この映画は「子供達の予言が未来を創造する」というところが面白い。

20世紀ならぬ21世紀の少年たちは、「インディゴチルドレン」と呼ばれ、新人類とも、宇宙人とも呼ばれている。

その彼らが、太陽フレアの変化により意識変化が起こり、新しい時代を創造する時がくる。

80歳を過ぎた長老たちが「明るい青少年育成の未来」などを語るより、20代のフリーターやニート達が、今を精一杯生きて、来たるべき未来を素直に受け入れ、宇宙の法則に従い生きていく方が、大自然の理にかなっていると思う。

神聖遺伝子のコード封印がメルティング《溶解》して、新しい価値が生まれる（偶然ではなく必然として）。

価値の根元が情報ならば、「正しい未来認識」を持つことを、20世紀少年ならぬ、21世紀少年達に期待したい！

正しい未来認識を得るには、拙著を熟読して頂けるとよろしい。

「地球一切を救うヴィジョン」（徳間書店）

私から、ただ一言！　メッセージは**「人生とは生きることの悦びを問うことです！」**

この言葉を、インディゴ・コーディネーターたちに送ります♪

鹿児島ＵＦＯ談……インディゴチルドレンとは、スターシードとも呼ばれ、今後の未来地球を作っていく「コーディネーター」としての使命を持って生まれてきた子供達を言います。一見すると、ＡＤＨＤ（注意欠陥／多動性障害）の症状にとてもよく似た行動をとり、問題児のように思えますが、大人も驚くような特性を色々と持っています。

ウチの子供も、インディゴのような気がします。親バカですね

（笑）。生後6ヶ月で話したり歩いたり、1歳位までは、泣く時は、「ラー（太陽神？）」と泣いていました。チャクラ開発のCDを聞かせると、すぐにアジナーチャクラの音に反応していました。昨年、弊立神宮参拝の帰りは「UFO空中携挙」を自ら語り……、正月のテレビは、エジプト特集の番組を3時間も食い入るように見ていました。6才（2008年）の子供とは思えない集中力に驚きました。そして私に似て……「頭がデカイ」のです（爆笑）。

Q3　教育の再生法は？

A・親自身が心の調和、自信を取り戻す。

・意識改革をする。

＊宇宙百貨のノートです

・帝王学の復活。

・教育勅語の復活。

・宮本武蔵「五輪の書」を読む。

・武士道、仏教の八正道、十七条の憲法、伝統文化などを学ぶ。

「大学入試とアセンションプリーズ！」（家宝は寝て待て）（白峰先生より）

大学教育を受けさせるのは本人のためになるのか？　就職難の今でさえ、親のアンケートの80％は「子供の将来のために進学させたい！」

では、子供の将来とは？　すなわち、就職である。そして、就職とは生活であり、人生そのものの価値なり！　すべての子供が、大学に進学する理由は無い！（専門学校でもOK牧場！・本人に合った様々な道がある！）

東大を出たけれど
竹書房
須田良規、　井田 ヒロト

地球大改革と世界の盟主
明窓出版
白峰由鵬

「アセンションプリーズ！」とは？

（1）科学的データ　（2）太陽系の真実　（3）上の如く下も然り　（4）宗教でいうミロクの世　（5）世紀末の思想にあらず　（6）地球人類の大変革のドラマ（チェンジ）　（7）参加も不参加も自由　（8）最後は自分の心のおきどころ　（9）事実は小説より奇なり！

「アセンション大学」には、3つの入学条件がある

（1）２０１２年問題の理解（地球環境を含む太陽系の変化）
（2）自ら在日宇宙人だと思う（神仏しかり、宇宙人もいる）
（3）ミロクの世（宗教でなく、宇宙時代の未来価値観を共有できる人）

試験は、２０１２年から、とりあえず２０１６年まであるとして、参加も不参加も自由である（選択の自由が与えられている）。フォトンベルトが無い！　有る！　より、日々生活しているフトンベルト（睡眠の大切さ）を重視しています（笑）。

なぜなら、人間の生体磁場調整は、実は、寝ているときに起きているからです！

（皆さん最近、とても眠いのでは？？）

今、熟睡できないというノイローゼの方が２０００万人いるそうです（シューマン共振の変化か？）

アセンション・プリーズが、アセンション・フリーズにならないことを祈る！

鹿児島ＵＦＯ談……現在の学校教育の根幹は、「貨幣経済社会への適合」を目的としていると思います。深刻な就職不況の時代は、いつも「大学は出たけれど？」という言葉がでてきます。

リクルート調査による、学生就職希望ランキングでは、「世界のトヨタ」が、6位から96位に落ちました!!
京セラの創始者である、鹿児島県出身の稲盛会長が受験生だった頃、当時は不況でまったく人気がなかった窯業《ようぎょう》（陶磁器関連）の学科に入学し、その学科での勉強を生かして、その後、セラミックを発明しました。数人で創業し、全盛期は、社員全員を海外旅行へ連れて行くような、社員を大切にする素晴らしい会社に育て上げました！

学生は進路（進学・就職）を決めるときに、「その時期に好況な企業」を選んだり、学問的な興味で選ぶのではなく、「就職が良いから経済学部」というような選択をする傾向があります。
実は、ひとつの業界や業種がずっと好況ということはありえないのです。必ず、どんな業種業界も浮き沈みがあります（私の友人にも、バブル時代、大好況な業種に転職し、今、とても苦しんでいます）。

ですから、その時は好況な業種を選んだり、就職のために自分の好みを曲げて学部を選んだりしないで、本当に興味の持てる学科・学校・企業を選びましょう。（資質や理念を持たず、金持ち目指して医者や弁護士を目指すなど、つまらなくないですか？）金融関係が良いとか、IT関係が良いとか、商社が良いとか言っても、この金融混乱は、いったん貨幣経済が終了するまで続きそうです。「私は米を作るのが好き」「私は林業が好き」「私はハタオリが好き」とか……。しばらくすると、縄文時代に帰るような気もしています（笑）。

地球維新を理解している皆さん！　この先数年で、全国各地、自給自足・エネルギー循環型の住民ネットワークを作っていきましょう。そろそろ、準備が必要な感じがしています♪　シロウトが農業に転職して、採算がとれず苦労している実態もありますが、ノウハウを共有して全国で連携～！　企業も、天候に影響されないビルの屋内で、ＬＥＤや電子水を使った水耕栽培などに取り組んでほしいと思います。地元鹿児島でも、「ナサラ農法」（土壌中の菌・ミネラル・酵素、そして光の波長のバランスを調えることによって、栄養豊富で健康的な農作物を育て上げる農法）など、色々と試行を始めています。

Ｑ４　食品についてのアドバイスを下さい。

Ａ　発酵食品……味噌・納豆などは、食品の毒を中和する！

天然塩・味噌汁・海水（海洋深層水＋天然塩）

今後認可されれば、麻の実や油が最高……生育が早く、玄米より栄養価が高い。

明日葉……生育が早い。腸内の周波数回路を整える。

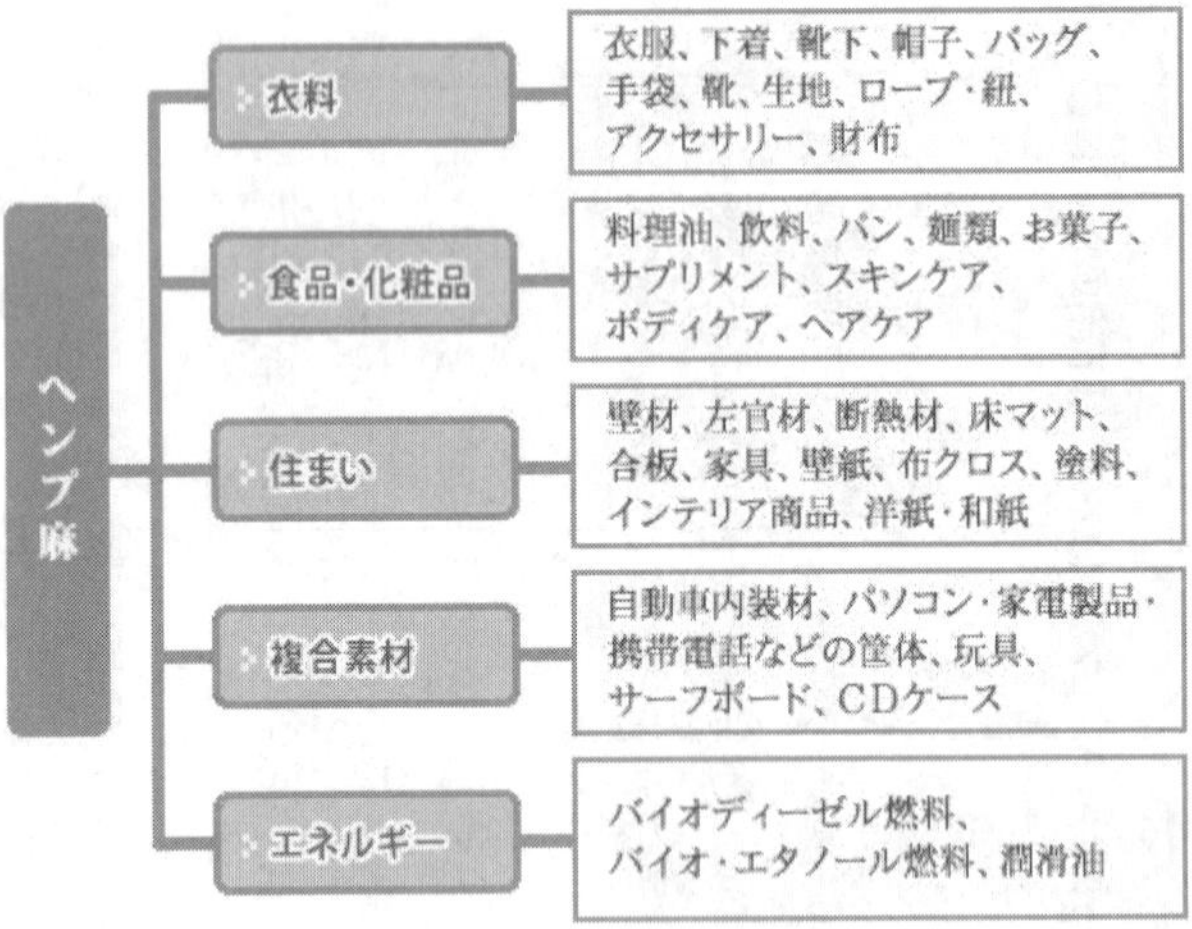

おにぎり……米（白・太陽エネルギー）　梅干（赤・プラーナを体内合成）　海苔（黒・腎臓によい）にぎる（気）と、精力でます（笑）。

日光浴……背中・首筋・とくに過去世で天使だった人は髪へ日光浴！

お風呂は、シャワーでなく湯船に入る！（邪気払い・解毒）　残り湯を洗濯に使わない！

農薬・添加物を排した正食で、日本人の霊性は本来の力を取り戻す！

「2012年、時元上昇と中国易経の世界」（白峰先生より）

国の古典に、すばらしい銘言あり！

「天（テン）を楽しみ、命（メイ）を知る、故（ゆえ）に憂（うれ）えず」

原文「楽天知命、故不憂」（易経より）。


私の好きな言葉の1つである。

2012年問題の神髄が、まさにこの銘言で表現されている！


さて、北ではなく、北のうしろの正面たる中華（中国）へ一言。

まず、食料の輸出を全面禁止にすべし（将来できなくなるから）。

中華思想を成就するなら、第一義は「食糧」。国民の飢えを防ぐ！
第二義は、天敬「すなわち大自然の法則」を知る。不毛地帯と砂漠化が進むと、大洪水が起きたり、逆に雨が降らないような状況が起きる（本当に龍神を動かせる風水師がいるのかな？）。
第三義は、最先端の科学技術導入！　50基の原子力発電は、ウラン変換のトリウム型とすべし！

世界のシリコンバレーならぬ、世界のユビキタス文明の中枢国として、アメリカを超える連邦大国へとシフトすべし（9ブロック制にする。失敗するなよ！）

中国にとって、一番大切な国は、アメリカ！

されど、中国とアメリカの両国にとって忘れてはならない恋人が「日本」であればいいだけよ（大笑）。

鹿児島UFO談……どんな人にも、天から与えられた使命があります。これを天命と言い、天命をまっとうすることが、もっとも楽しく、素晴らしい人生と言えます。そこには、不安や怖れもありません。

今後の食糧については、中丸先生や伊勢白山道リーマン氏は、「今年のうちに2～3年分を備蓄せよ！」との御意見である。沖縄の覚醒者「前里光秀」氏によれば「日本に限って食糧不足はない！」との見解である（マイナス面に意識を向けないことが重要であると！）

今後、備蓄をするか否か？　は、各人のご判断にお任せしますが、海外が食糧を輸出できない、つまり、日本が食糧を輸入できなくなる事態は想定されます。「古米が何年分も余っている」

という情報もありますが、政府は、内需拡大政策と食糧自給率のアップを急いでください!!

中国の工業化は、日本が高度成長経済の時代に公害を撒き散らした轍を踏んでいますね。目先の利益にとらわれ、国土や地球を痛めつけています。天敬「大自然の法則を知る!」中国4000年の歴史と言われますが、その伝統ある精神はどこに行っているのでしょうか?

しかし、中国やロシアに関して、もう1つ、私たちが気付かなければならないことがあります。それは、欧米マスメディアに扇動された(フィルターを通した)、日本人が持つ両国への悪役的なイメージ=印象です。

アメリカがイラクへ侵攻するにあたって、自作自演の911テロを起こすなど、かなりの情報操作がなされました。

それと同じような形で、中国やロシアに関する情報も、欧米の軍産複合企業などの利益に基づいた、偏った情報が流されているのではないでしょうか?? 中国とロシアは、欧米の裏に隠された悪の枢軸に対して、意外と善戦しているのかもしれませんネ(笑)。

なんだかんだ、外国に大いに利用されている感のある「日本」ですが、これから起こる数年の混乱の後に……アメリカ・中国・世界の全てに、日本の有り難みと真価が、思い知らされることになるでしょう。

日本に住む者！　天命に目覚めましょう!!

Q5　白峰先生は、危機管理（コンプライアンス）や防衛情報機関のリニューアル・観光庁の設立等を提言され、見事に実現されていますが、今後さらに設立すべき政府機関はありますか？

A　日本以外の多くの国ではＵＦＯの存在を認めていますが、そろそろ日本にも、宇宙人対策のセクションが必要でしょう！　でも、鳩山さん対策ではありません（笑）（鹿児島ＵＦＯのフォロー。鳩山さん、まだまだ友愛～活躍します！）

陰謀論を超えて波動を上げよう！

先般、いろは呼吸法書道の山本光輝先生と親しく宴席の機会を頂いた時、「フリーメイソン」についても興味深い話を伺いました。山本先生は近年、ＮＨＫ勤務の友人に、明治維新、幕末の志士達が、長崎のグラバーやフルベッキなどのフリーメイソンメンバーと、深く関連していたという内容の本を頂いたそうで……そのへんのことに関する話題になりました。

何という本でしょうか？　聞きそびれましたが……おそらくコレでしょうか？

「幕末維新の暗号」（祥伝社　加治将一）

この本には、幕末に敵味方であった幕府方や志士たちが一同に介している写真の掲載があり、維新は仕組まれたのか？　背後にフリーメイソンの暗躍があったのか？　という内容です（賛否両論あり）

特に、ＮＨＫ大河ドラマにもなった「坂本龍馬」、一介の浪人にすぎなかった彼が、突如として鉄砲や軍艦などを持てた背景に、メイソンの支援があったとされています。まあ、ソレがイイのか？　悪いのか？？　日本は未開の

ままの方が良かったのか？　あるいは現代に続く、鎖国を解いての近代化が良かったのか？　わたしが思うには、善悪を越えて必然の歴史のようでもあります！

山本先生の友人でもある、陰謀論で有名な「宇●正●さん」やＮＨＫ記者の方も、何度フリーメイソン日本グランドロッジ（本部）に取材を申し込んでも、断わられるそうです。ところが、山本先生は、ロッジ日本支部の代表の奥さんの体調をヒーリングパワーで治して差し上げたお礼に、案内されたそうです！

円形のテーブルにイスがたくさん並んでいて、中央には誰も座ってはいけない35番目の椅子もありました！「ここはどんな方が座るのですか？」と聞いてもニッコリ笑って答えて頂けなかったそうですが……「天皇陛下」に違いない！　と思われたそうです。

山本先生は、戦わない宇宙一体のエネルギー、産土《うぶすな》合気道の審美眼によって、メイソン日本ロッジは、「よく言われているような悪の組織」ではない！　という印象を強く持たれたようで、さらに幕末維新の理想に燃えていた志士たちをかんがみてもそう思う！　と言われました。今後、日本・ユダヤの本当の秘密が明らかになり、メイソン・イルミナティの中心に「天皇陛下」が帰還されるという話がありますが、私もそう思います、とおしゃっていました。（ワタスもそう思います……。笑）

以下、ネットで調べた情報を転載……元々は、明治9年に創設された日本海軍将校の親睦・研究団体であった水交社の建物を大蔵省より払い下げてもらい、日本グランドロッジを創設しました。地下に、青と白で統一された部屋があり。儀式や集会を開くホール中心に台座があり、まわりに3本の棒が立っていて、円型の天井には星座のような明かり。入り口には、2メートルほどの高さに地球儀と天球儀が掲げられているそうです。

フリーメイソンの内部は、基本的に1～3の位階を通過すれば一人前のメイソン、4～33位階を総称してスコティシュ・ライト（スコットランド・儀礼）といい、この位階は上下の階級的関係ではなく、いわばマスターする〝学位〟のようなものです。1～3が一般メイソンでブルーロッジ、4～14を十全会、15～18をバラ十字会、19～29を神聖会、30～32を宗門会議、33を最高会議といい、ブルー・ロッジを通過したメイソンが、それぞれの位階に応じてグループを作っています。

フリーメイソンを語る書籍、「石の扉」（新潮社　加治将一）などでは、蒙古襲来以来、白人にとって脅威である黄色人種を支配殲滅《せんめつ》するためのプロトコル（推進原理・指針・プログラム）を持っているという怖い面もあったようですが、「フリーメーソンの秘密」（三一書房　赤間剛）

を読むと、近代は黄色人種東洋人もメイソンに参入を許され、エリート階層、社交・友愛の団体となっているそうです。独特のサインもあり、メンバーだと分かると非常に友好的に接せられるそうで、大企業経営陣、政治家、高級官僚、芸術家など、エリート層の集まりであり、国際的にコネクションが効くようになるようです……（ロータリークラブ国際版ですね！）。

ゲリー・ボーネル氏やダライ・ラマ氏もメイソンだとか、噂がありますが……光の階梯《かいてい》＝ホワイトブラザーフッドや天孫降臨＝ホワイト・イルミナティまでも、陰謀論者は、全てを悪に仕立ててしまいがちです。……実際は、本当の悪は少数なようです！　本当の「悪の中枢」は国際企業＋軍需産業の複合体や、アメリカのエール大学人脈であるスカル＆ボーン（エール大学にある秘密結社）、のあたりであろうと思っています（アメリカ崩壊が進む中、その力も弱まってきていますが）。

「宇●正●さん」の講演を、ある盟友のオゴリで（感謝）去年聞きましたが、最初から最後まで陰謀論を語り、ではどうしたらイイのか？　時間切れもあったのか？　まったく出口の無い内容でした！

陰謀論に終始すると、恐れや疑心暗鬼を増長し、生命体としての「波動値」が下がります！陰謀論は、人類成長の重要性に気づくためのあくまで入口です。陰謀論に気づき、そこから個々がいかに生命体として高次に成長するか、いかに波動値を上げるか？　が重要ですよね!!

最近、世界上位数パーセントの天才頭脳が書いたという、外国のスピリチュアル本を読みましたが、非常にレベルが低いのには驚きました！（プライドは高いが、意識波動は意外と低いです　笑）

しかし、エハン・デラヴィ公が訳した「パワーか、フォースか」という本（三五館　デヴィッド・R・ホーキンズ著）は素晴らしいので、是非参考にして下さい!!　日本人の波動値は、世界でも最高レベルなのですね！

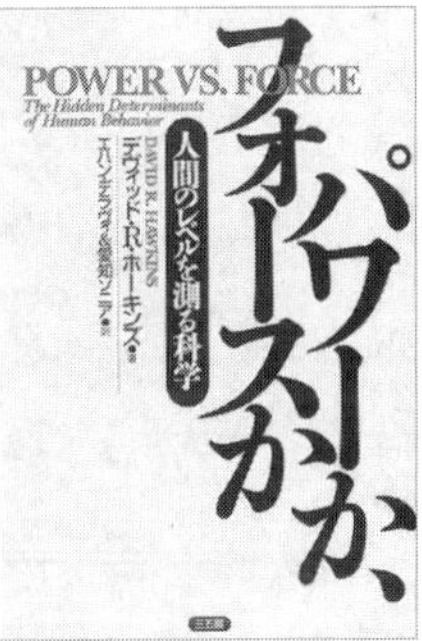

私たちは、本当にとてもイイ線を行っているのです！　日本に住む者の基本波動値の高いこと!!　日本には、覚醒していた時代、縄文レムリアの集合意識・遺伝子が残っています！　いよいよ磨き出してゆきましょう♪

いろは呼吸書法・開命句・合気道
山本光輝先生　ウェブサイト　http://yamamotokouki.com/
いろは呼吸書法は、鹿児島ＵＦＯも体験しました。老若男女すべてが取り組み易い、覚醒ツールです！　墨のマイナスイオン効果・腹式呼吸&息吹永世　登校拒否やイジメから立ち直ったりと、意外な効果あり。

Q6　白峰先生は、今後、日本周辺のレムリア・ムー大陸が再浮上するとおっしゃっていますが、実際どのようになっていくのでしょうか？

A　日本龍体理論から言えば、次のラインがあげられます。

①鹿児島・桜島～沖縄・宮古島ライン　②伊豆七島～小笠原ライン　③ハワイ～沖縄ライン　④日産の車はスカイライン　⑤石油はパイプライン（笑）

日本の山の80％がピラミッド構造です！　これら全てが起動したとき、日本とその周辺は浮上します（将来、そういう事態の必要性が生じます）。

再浮上したとき、日本の領土は41倍の面積になります。

・レアアース・レアメタルの宝庫
・日本、韓国、北朝鮮、ユダヤの、古代の関係が判明する
・世界最大の天然ガスを産出できるようになる
・古代の方が現在より科学が進んでいたことが分かる
・海水がフリーエネルギー動力となります
※日本人の集合意識が上昇すると、レムリア大陸再浮上は、物質化現象として現われる（宇

宙で冥王星近くの星々が現われた如く！）。

レムリアの真実
太陽出版　ジョーンズ・
オレリア・ルイーズ

シャスタ山で出会った
レムリアの聖者たち
徳間書店
ユージン・E・トーマス

アンデスに封印されたムー・レムリアの超秘密
徳間書店
ジョージ・ハント・
ウィリアムソン

レムリア紹介本の中でも、特に「レムリアの真実」（太陽出版　オレリア・ルイーズ・ジョーンズ著　片岡佳子訳）は素晴らしいです！

私（鹿児島ＵＦＯ）は、夜中に読んでいて、涙が止まらなかった……。その横で寝ていた娘（当時５歳）は、その太古のエネルギーに共鳴を起こしたようで、古代語のような聞いたこともない言葉を、寝ながらとうとうと喋っていました。私たちの太古の意識を呼び覚ます、秀作チャネリング本、超～おススメです！

「経営」と「企業」と「リストラ」その根底に「魂の立ち上げ」

スピリチュアルな本書で、経営的なことを述べるのは筋違いと思われるかもしれませんが、「スピリット＝魂の問題」に関係しているので、あえて取り上げます。

後ほど、白峰先生の「経営」という考え方もお知らせいたしますネ♪

不況により、大量のリストラが始まっています。その根底には、1つは急激な円高、そして株価の暴落により、一夜にして「バランスシート（あくまでペーパー上の資産）」の評価が低くなったためでありましょう。

つい最近まで「業績好調」であったのに、一夜にして「大赤字へ転落」の企業は、その前と後では、企業の中身も、働いてる人間も、本当はまったく変わっていないのです！　円高と株価下落が赤字の主な原因ですよね？

そういう「上がり下がりが激しい」ものを基準に、「経営や評価がなされていること自体がおかしい！」ということに、そろそろ私たちは、気づかなければならない時がきていると思いませんか？

株価の下落により、ペーパー上の資産やペーパー上の利益が減り、その結果の大量リストラです!!　それが連日、マスコミで報道される↓人心が萎縮する↓皆が消費を控える↓企業や商店が儲からない↓またマイナス情報が報道される、といった悪循環になっていますよね。
先進国に比べて給料が低く、経済が成長していた時代は「株式会社」という方式は良かったですが、先進国に肩を並べた今は、安い労働賃金を基にした企業の儲かり方程式が成り立たずに、安い賃金の海外へ生産工場は流出して、国内の働き口が減っていきます（空洞化現象）。

時価を反映したバランスシートのイメージ

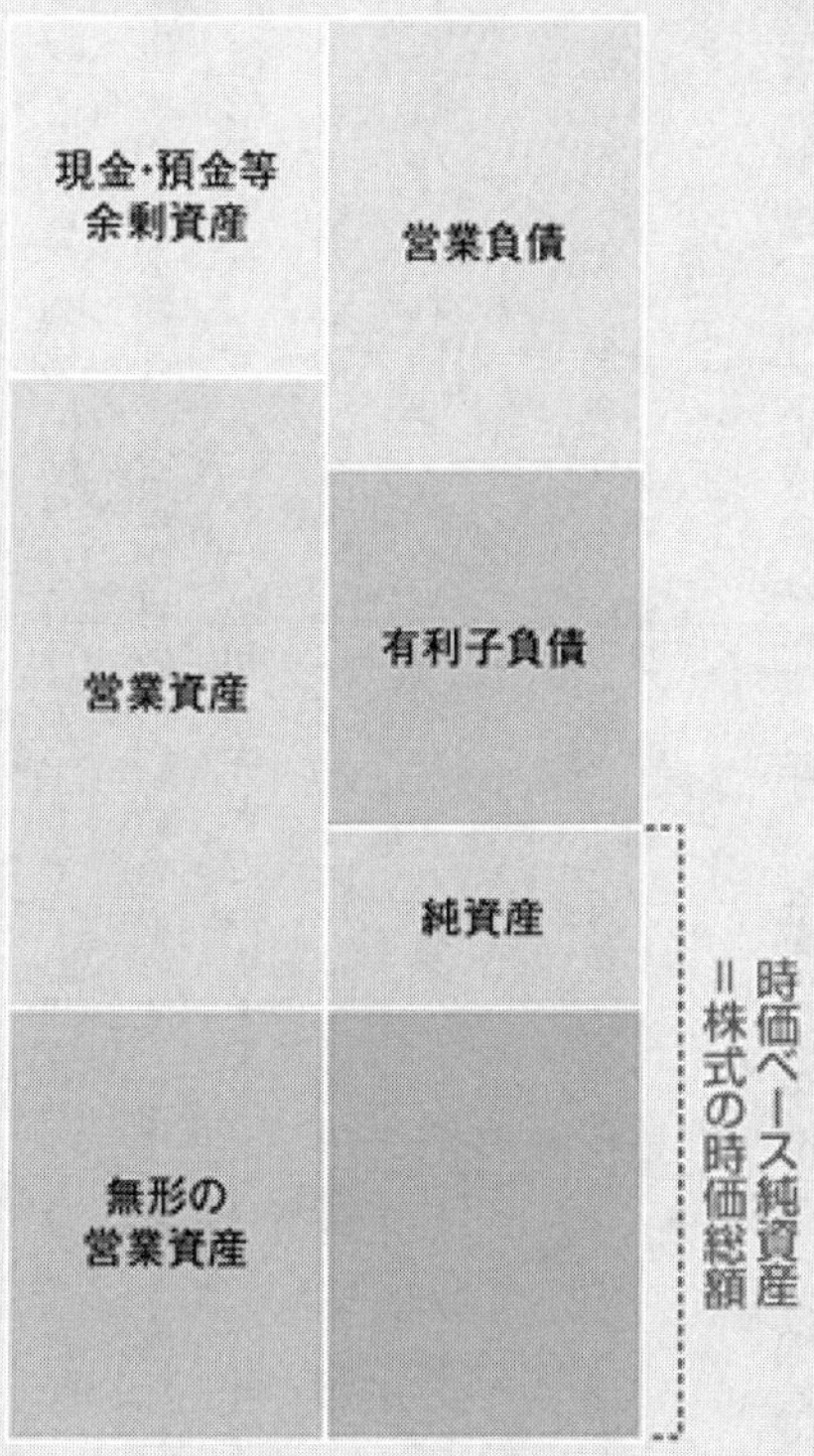

森生明「会社の値段」（ちくま新書）より

今、日本の企業は、正社員が少なくてアルバイトや派遣が多い！（けっこうな年齢でアルバイト？　その企業姿勢に疑問を感じます！）不況の時は、真っ先にリストラされ、結婚もできず、子供も作れない!!　企業が目先の利益を追ってしまったために、「国民力の低下」という国の存亡に影響する、大きなツケが回ってきています！　先日、「トヨタ自動車が、派遣１７００人から、４００人を正社員へ」という嬉しいニュースがありました！　トヨタさん……わたスのブログ読んでくれたの？？　ありがとう!!（笑）

ここで「あるべき会社のあり方」を、白峰先生の言葉を借りて言及してみます。白峰先生は、「経営者」と「企業家」の違いを常々、おっしゃっています。

「経営者」とは、利益追求のみに走らず、従業員の生活向上や地域への貢献など、周りとの共生を主眼とする会社経営者である。昔の日本企業の経営は終身雇用制で、一生、従業員の生活を守り、従業員も生涯働く会社への忠誠心は強かった。スキあらば、アラを見つけて解雇しよう！　ではなくて、ちょっと能力はイマイチだけど、意欲は素晴らしい、じっくり育ててゆこう！　の精神が「経営者」である。そこに従業員が「真心」で応える。

以前の日本の経営は、護送船団方式で甘い！　という批判もあったが、アメリカ発の「グローバルスタンダード」（＝弱肉強食＝多国籍大企業のみ生き残る）で、個人商店も中小企業も国内大企業もズタズタとなった今、昔の日本の経営方式は、「魂」のある素晴らしいものであったことが分かる。

それに対して「企業家」とは、企てであり、策略によって貪欲に利益を追求するものである。弱肉強食、わが企業さえよければというスタンスで、投機的な事業や企業買収を繰り返す。そこには、従業員の生活を守る！　とか、地域への貢献とか、お互い様で生きていく、というようなスタンスは無い。これらをまさに象徴した人物が、「経営の神様・松下幸之助」と「元ライブドア社長・ホリエモン」であろう。会社や商店だけではなく、家庭も人生も「経営」という考え方で、営んでゆきたいですね♪

今、マスコミからは、大量のマイナス情報が繰り出されている。これでは、人心に、不安と恐れが充満していく。そして、不況の悪循環になる。以前、麻生元首相は、カラ元気のように明るい情報を国会演説で並べたが、原稿の棒読みであった！　あれでは、まったくインパクトがない。小泉元首相のように、せめて原稿なしに見えるように、プロンプターでも使って演説して欲しかった!!

今、人・家庭・企業・政治・教育・宗教、全て「チェンジ」が必要！　マスコミからの大量のマイナス情報に、将来を悲観してはいけない！　流されてはいけない！　この経済の混乱は、新しい社会の仕組みができあがるための、数年の産みの苦しみ……。日本人の魂から本気が出るとき、日本は変わり、世界を変える!!　**「地球一切を救う・明るいヴィジョン＝アセンション＝人間自体の進化」が必要なのです！**

徳間書店
白　峰

Q7　国民へのアドバイスをお願いします。

A　国民が、開けてはいけない窓と、開けるべき窓があります！

・開けてはいけない窓

①便所の窓（運気が逃げる）　②国民のタンス預金　③皇室問題

・開けるべき窓

①地球環境　②フリーエネルギー　③宇宙開発（開国）

・日本国民の民力が世界の政治に反映する。
・国民がしっかりすると、日本の政治もしっかりしてくる。
・国の評価も力も、国民の質とレベルで決まります。

・上医は国を癒し
・中医は人を癒し
・小医は病を癒す

今、上医レベルの政治家が必要です!!「地球一切を救うビジョン」を持った国士の活躍を祈ります！

「日本の天命と役割」世界の雛形とは？（白峰先生より）

アメリカの経済危機は、全世界の経済へ影響している（100年前と違う）

イギリス→アメリカ→中国へとパワーバランスが移動し、中国は、あと5年（2013年）は経済成長を続けたいが、食料・環境etc.、多種の問題をかかえている。

最後は、日本の技術と日本の文化、そして、米ドルに代わる日本円が世界経済の要となる。

ＢＲＩＣＳ（ブラジル・ロシア・インド等）がアメリカと対等になり、1極ではなく、5極で動くようになる！

1．EU圏　2．アメリカ圏　3．中国圏　4．インド圏　5．ロシア圏

日本は、この5圏の中心として、技術・環境・金融・宇宙開発・エネルギー政策の中心となる！

『日本円が世界経済の基軸になる』　古い体質のロックフェラーは、世代交代のあとに宇宙開発を基軸として再生を図っているが、日本の協力無しには成就せず！

アメリカのＢＩＧ3が経営危機の今、すでに、ロックフェラー帝国は崩壊！　そして、世界金融不安により金融本家ロスチャイルドも失速している！

今ここから、「世界の盟主」としての役割が日本へ！

そしてアセンションを導く天命と役割が現れる！

皆様は、地球維新の大儀において、日本の天命と役割があることを忘れずに！
大切なのは「生きる至誠と生きる力」。

Q8　2012年・時元上昇・アセンションの問題について「シューマン共振」というものが大きく関係しているようですが、どのようなものでしょうか？

近年、眠い・だるい・体調が悪いなど、不定愁訴が増えていますが、このシューマン共振を、医者も、心理学者も、教育者も、国民も全て知っておく必要がありますよね！

A　シューマン共振は、地球自身の呼吸リズムです。脳内時計と共振しています。（マヤ暦とも関連し、人間が感じる時間感覚と連動しています）

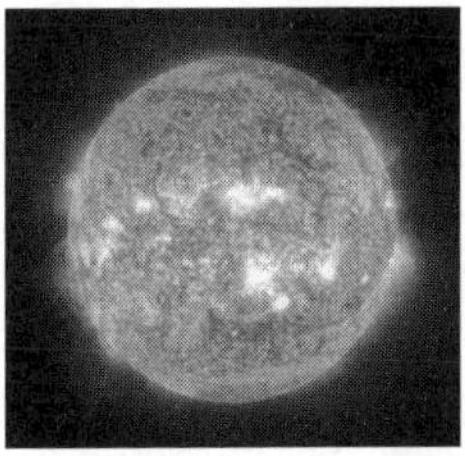

以前は7.8Hzだったのですが、近年上昇し続けています。
２０００年　13Hz　２０１０年　20Hz　２０１２年　22Hz。
２０１２年に向かってますます時間感覚が速くなっていきます。

特に18Hzでは、イライラや不安が大きいようです。不定愁訴の原因になっていますが……。

最終的には、人間覚醒への作用も出てきます。オーラが見えるようになり、半霊半物質化します（寝なくてよい・食べなくてよい）。人間は、炭素系生命体――珪素系生命体（クリスタル）へ転換します！

太陽フレアの影響……1987年2月23日、マゼラン新超星大爆発にて、太陽から45億年分のトリノエネルギーが、たった10秒で地球に到達しました。同規模の質量エネルギーが、神岡カンデで観測されました。この時から太陽系規模、とくに太陽の変化が始まっており、2016年で完了します!!

シューマン共振数とアセンションについて

今から約二十数年前、東京青山にあった某瞑想センターに通っていました。そこの瞑想室は、陽波動の部屋と陰波動の部屋があり、本人のマインド特性や体調によって、陰陽を使い分けていました。特殊な波動（バイブレーション）が出ているということでしたが、詳細は秘されていました。

瞑想室で、私はコッソリ壁に手をあててみました。すると壁面自体が周期的に、微妙に出たり引っ込んだりしていることに気づき、時計を見ながら出入の周期を探りました。

先輩の村上司郎さんに物理公式で計算してもらうと、「約7Hz」でした。この周波数は、気にはなっていましたが……ずいぶん長いこと、忘れていました。


近頃、アセンション情報の中で「シューマン共振」という言葉を耳にするようになって、ああ、あの時の周波数、と、記憶が蘇りました。

近年、地底や宇宙からの光的なエネルギーが増大して「地球のシューマン共振数」が、以前の7Hzくらいからかなり上がっていて、最終的には、20Hzを超えていくらしいのです。

簡単に言えば「地球の次元レベル」が上がっていくので、人間もそれについていくことが重要で、それには、常識に囚われない自由なマインドと、葛藤や執着を解放していくことが大切だそうです。

これを理解して実行できる人は、スムースにアセションの道へ移行して

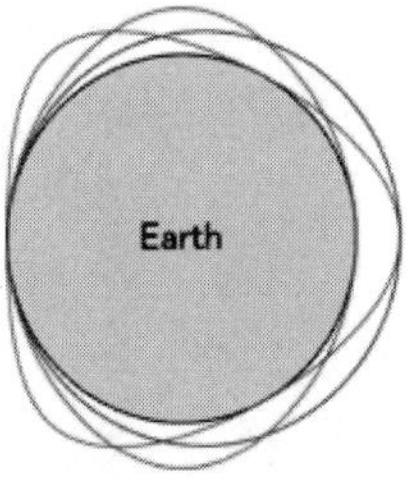

いけるそうです。高次元の、とても明るい未来が待っています♪（旧来の生き方に固執する方は、不定愁訴や鬱など、不調が出やすくなるそうです）

追伸……落ち込んで元気の無いときは、陽の波動（太陽や明るくきれいな海）を、静寂な波動を受けたい時は、陰の波動（月や清浄な神社や神聖な山）が良いそうなので、そのときに必要なバイブレーションを受けましょうネ♪　月は、人間の生体リズムやマインドを調整する役割を担ってきましたが、そろそろ、その役目が終わりに近づいています。

16Hzの現象

① イライラ精神的ストレスを受けやすくなる。

② 気分にムラが出来る、塞込みがちになる。

③ 心配症や持越し苦労、取越し苦労がし易くなる。

④ 集中が出来難く、意識が散漫になり易くなる。

⑤ 物事が覚え難く、忘れ易くなる。

⑥ 感受性や反射神経が低下する。

⑦ 疲労性、不眠症、自律神経失調症、五感の衰え、偏頭痛、無気力、無関心、無感動

⑧ 自己認識力の低下（他者に対する感情的な爆発）暴力により発散、虐待、破壊的行為

⑨ 過剰な自己愛、過剰な自己保全、過剰な自己主張

脳波

ガンマ波	32.5 Hz 以上	うらみ・ねたみ・恐怖
ベーター2波	20 ～ 32.5 Hz	執着・怒り・悲しみ
ベーター1波	14 ～ 20 Hz	イライラ・クヨクヨ
アルファ波	7 ～ 14 Hz	リラックス
シーター波	4 ～ 7 Hz	レム（イメージ）
デルタ波	0.5 ～ 4 Hz	ノンレム

Q9　今後主流のエネルギーはどのように変遷するでしょうか？

Ａ

石炭・石油→原子力発電→トリウム原発（安全・核使用なし）→水素発電→海洋温度差発電→発酵技術応用→真空磁場から物質化現象

Q10　現在日本にもフリーエネルギー的な素晴らしい発明が複数ありますが、何故、一般に普及しないのでしょうか？

Ａ　石油産業が食えなくなるからです。

アメリカの外交問題評議会は、石油産油国のアラブ諸国を食べさせることができれば、第3次世界大戦を防げると言っています。フリーエネルギーの利権をアラブ諸国に渡せば、問題なく普及できます。

現在の3次元・現実世界の封印は、①マネー②エネルギー③食糧ですが、エネルギーも食糧も、いずれ海水からできるようになります（日本の技術者の皆さん頑張って下さい！）

「背水の陣でなく、海水の陣なり」

「驚愕の新クリーンエネルギ〜大政社長講演報告」

超〜革新的な「クリーンエネルギー」、そして医療・美容ほか全産業・全家庭でも手軽に使える驚異の「電解水」。目からウロコの次世代超〜重要情報ですので、しっかりお読み下さいネ！

水をエネルギー（ガス・ガソリン）に変える?! 水から「酸水素ガス」を取り出して車を走らせる。フリーで　クリーンで　安全なエネルギー　CO_2などの排出ゼロ！　排気は水です!!

水から殺菌剤や薬を取りだす?! そんなアンビリバボーなマシンが大発明されました！

次亜塩素酸ソーダやアルコールを使わないで、プール・浴場・調理場・病院・学校・なんでも安全に殺菌する（?）、しかも、コストは大幅カット！　医療・美容・教育・農業・漁業・工業・商業など、全産業と家庭に恩恵をもたらす?!

東京の大田区、日本テクノ（株）大政龍晋社長が、メッキの技術を開発中に世紀の大発明！

「水がエネルギーと薬に変わる日」。その講演は2010年8月24日、鹿児島市「南日本新聞本社」みなみホールで、ＫＳＬ・鹿児島超音波研究所、坂元昭憲社長の絶大な情熱と、江本勝事務所の全面バックアップで実現し、約150名の聴衆が熱心に聞き入りました！

鹿児島ＵＦＯも拝聴の機会を頂き、2次会でも、大政社長と正面サシで、キリン・ノン・アルコールビールを飲みました（笑）。大政社長は典型中小企業のヤカン（すぐに沸騰する）おやじ社長です!!　わたスのブログで全国に宣伝しています！　と伝えると、とても喜んでくれました〜♪　ありがとうございます。

大政社長が発明した「振動攪拌機《かくはん》」は、水をモータと振動板とである周波で振動させると、カクハン（混ぜる）が非常に均一になるものだそうです。洗剤を入れても泡がまったくたたない、特殊な状態になるそうです（普通は電気分解をすると、酸素と水素に分かれます）。

通常は、純水素は爆発するので危険！　圧縮もあまりできず、タンク

に保存しても、漏れたりタンクが溶けたりで、扱いが大変難しいそうです。

ところが、均一の攪拌状態で電気分解すると、白い煙が発生して酸素と水素が完全には分離していない、からまった状態の「酸水素ガス」（仮称）になり、爆発しない！　１００気圧にしあり、圧縮しても安全で、タンクに保存しても漏れない、タンクも溶けない、非常に安定した安全でクリーンなエネルギーガスになります!!


また、純水素は燃焼が非常に高温なので扱いにくいのが、「酸水素ガス」はその半分くらいの温度で燃焼するから扱い易いらしいのです。マイナス１７８・７度で液化して、マイナス２５５度でも固まらない、結晶化しないそうです。

燃料的には、自動車発電機ボイラーや、様々なエンジン、潜水艦、船舶、航空機、ロケットなどに使えるそうです。しかも、水が原料で排気ガスも「ただの水」……。こんなスゴイクリーンなエネルギー、信じられますか？

そして、水ではなくて食塩水を「振動攪拌機」で電気分解すると、「中性の電解水」が出来るそうです!!　その電解水は医療的には飲む、塗る、点滴などによって、アトピー、眼病、やけど、床擦れ壊疽、糖尿病、肝臓病、ガンなどの病気全般にも効果が期待されており、日本の病院でも臨床実験を始めているそうです（スゴイ成果が出始めているとのこと！）

このスゴイ成果の原理をわたしは大政社長に「こういう原理なのでは？」とうかがいましたところ……「正解！　です」と言われました。でもここではマル秘にしておきます（笑）。

アメリカでは、同種の電解水が認可され、既に販売されていて、非常に大きいな効果が出ているようですが、とても高い価格で販売されているようです。大政社長は、それより相当〜低価格で出されるそうです！

その中性電解水は、安全で飲用できて、手触りなめらか、消毒にも使え、耐性菌対策殺菌消毒農薬の代わりに、プール・温泉・水道・下水施設などの滅菌浄化などにも使えます。某大手航空の機内食の食品安全基準は、保健所の基準より相当厳しくて、下請け業者も次亜塩素酸ソーダ等を使い、賢明に滅菌していますが、あまり消毒すると耐性菌が発生して、大変なのだそうです。

この中性電解水は。耐性菌問題もなんなくクリアできるそうで、医療・食品・農業・漁業・などで防虫・抗菌が可能で、農薬の問題もクリアして、クリーンな農業にも応用できます!!化粧品・育毛・整髪など美容系の用途あり。とにかく応用範囲が広いようです！（特許は既に取得）

とにかく、水がガソリンやガスの代わりになりますから、石油は要りません。いずれ各家庭に電気分解機を普及させるか？　安全クリーンなエネルギーとして全国の石油スタンドにインフラとして整備するか？？　大手が参入か？　国策として取り組めば、コストも大きく下がると思いますが……。

大手メーカーは、「酸水素ガス」（仮称）の科学的な証明ができれば乗る！　と言っているらしいのですが、官僚と政府の方々に、超アホみたいな対応をされて、社長も超ブチ切れたそうです（笑）。そのブチ切れたところだけを編集して、こんなに悪い人だ！　と悪意のある動画をサイトに流す策略家もいるみたいです（悲しい人がいるね～！）。

でも、2010年9月、テレビ朝日系でこの情報が全国放映されました！　頑張って！　大政社長！！！

大手家電メーカーが、超極小泡のナノバブル水を使った洗剤不要の洗濯機を実用化しているのですが、洗剤メーカーへの影響を考えてワザと発売していない！　という話を聞きました。

この超～新技術が出たら困る、業界団体の圧力が心配されます（汗）。すごい発明があっても、大資本メーカーが特許を買い取って、わざと封印する（世に出さない）とか。現業界に不利だと判断されると、そういう葬り方もされるので要注意です！！！

いっぺんに石油不要のクリーンエネルギーが出ようとしたら、アメリカ石油メジャー・国際企業等に田中角栄さんみたいにヤラれてしまう（ロッキード事件はハメられた！）という恐れもありますので、当技術と大政社長を守るためにも皆さまこの情報を全国に発信して下さい！
広く知られることが、社長の安全と新時代、エネルギーの地球維新開花につながります。

Q11　今後、日本と世界の進むべき姿を教えて下さい

A　中国は……環境問題
アメリカは……フリーエネルギー技術
ヨーロッパは……貨幣問題
ロシアは……核廃絶
フリーエネルギーの利権は中東へ！

いずれも、日本は、技術・貨幣（円）・被爆国としての経験を活かして、各国を裏から支援

しなさい！　次のことに、力を入れることが重要です。

・世界経済の安定と保障（天皇の金塊）
・世界通貨基軸（縁・円活・円滑）
・恒久平和の実現
・宗教と科学の統合
・宇宙存在と地球人類との統合

「北朝鮮問題へ緊急提言」（白峰先生より）

テポドンミサイル、北朝鮮の不穏な動きが報道されています。白峰先生より、お隣の将軍さまへ、画期的な提案を頂きました!!　朝鮮総連の方々・北朝鮮の方々・韓国の方々・日本政府の方々、そして、女王陛下、オバマさんへ。北朝鮮のミサイル問題は、以下の提言を視野に入れてご対応下さい。

「007、ボンドにあらず、ポンドの役割」

北朝鮮の金剛山（世界第二位の埋蔵量？）のウランは、40％の採掘権をロスチャルドへ渡し、その代償として、イギリスが10基のトリウム型原子力発電所を3年で作る！（建設費はロスチャイルドがイギリスへ支払う）

ロスチャイルドが採掘したウランは、ロックフェラーを通じて、アメリカへ販売すればいい！（必ず、核兵器に使用できないトリウム型に変換すること!!）

そして残りの60％を、（A）ロシアへ20％↓見返りとして、宇宙技術・IT技術をロシアから供与（B）中国へ20％↓見返りとして、中国から人材と食料を供与（C）北朝鮮へ20％↓北朝鮮から韓国へエネルギー供給

南北統一！（北朝鮮が逆に「太陽政策」を行うこと！）ロシア・中国・イギリスのバックアップで国連加盟国になり、その後、国連軍を北朝鮮が受け入れたら、本当の平和国家となる！（アメリカの在韓米軍が移動してもOK！）「将軍から、誠意大将軍に至らんことを祈る！」

では、日本の在り方・やるべきことは？？（南北朝鮮が安定するだけでも重要だが！）

すべてのウランを、核兵器に転用できないトリウム型にするのが「日本の科学技術」。その技術特許を北朝鮮へ与えて、金剛山のウランを世界平和のために使います!! そして日本は、ア

メリカのロックフェラーを通じて、中東石油輸出国へフリーエネルギーを渡し、5年、いや3年で、石油に変わるフリーエネルギーを普及させるべし！

南米ブラジルのバイオは、トウモロコシから「麻」に切り替えれば、格段とエネルギー効率は上がる（タバコではなく燃料として！）

3年後 ・原子力→トリウム型 ・石油→フリーエネルギー ・バイオエタノール→麻エタノール の先に「本当のフリーエネルギーの時代」が来る！→それが「ミロクの世」である！

利権を失わずにエネルギー移行ができれば、問題はすべて解決！

「アメリカは、今後3年間は、自国の再生のみに全力を注ぐべし!!」

Q12 国家風水師として 皆さまへ開運のツボをご伝授下さい

A 次のことを意識して、良好になるようにしてください。

福（人間関係・ハートチャクラ）

禄（お金・丹田・第3チャクラ）
寿（健康・仙骨・第1チャクラ）

プラスの暗号
言霊（ことたま）プラスの言葉
音霊（おとたま）好きな音楽
色霊（しきたま）好きな色を選ぶ
数霊（かずたま）ラッキーナンバー

トイレ掃除で開運

福禄寿
明窓出版
白　峰

食物で開運
松（脳・松果体・松の実）　竹（骨・たけのこ・漬物）
梅（血液・おにぎり）　桃（松竹梅を統合）

Q13　瞑想の方法と効用を教えて下さい

A　目を開けている状態では78％の情報が入りますが、潜在意識は22％しか活用できていません。

目を閉じている状態では、潜在意識の78％が開きます。その活用が大事です。

本当の瞑想は、脳ではなくハートチャクラで行って下さい。

瞑想は、宗教的な行為ではなくて重力を変換、物質を光子化します。

アトランティスの瞑想方法は、海水の中でのピラミッド瞑想です。風呂に海水を入れ、胸に太陽、両手に地球、頭の後ろに月をイメージして半身浴です。毎日5分、21日間やってみて下さい。

Q14「アイン・ソフ」とは、何のことでしょうか？

志村ケンさんが、ソフトクリーム食べていることでしょうか？（笑）

A　アイ～ン、そうだよ！（笑）
人類がいかに存在したのか？　という起源を知り、その封印を解き、宇宙と人間が一体になることです。

「中今から始まり悠天に至る」

食糧危機だからこそ、農業の再生がある。
人類の意識は、社会・地球・宇宙へと動いていく。２０１２年から２０２０年まで、アセンションという究極のドラマが上映されます（笑）
興味を持つか？　参加するか？　どちらでもない人は終焉を迎える。
神様は、助けず見守るのみ。しかし、人が神仏と一体になったとき無限の可能性が出てくる。

「アイ」（愛は中心にこころ）
感動・感激・感謝で、ハートチャクラが開く！
「ン」（運・うん）サイフの中に６６６円必ず入れておきなさい！

先祖の「ソフ（祖父）」を大切にすると財産が入ってくる?!（笑）

Q15 太古の時代は太陽や地球中心太陽（セントラルサン）の光は12光線だったようですが、どのようにして現在のレインボー7色・光の3原色に減ったのでしょうか？

A 誰かが隠したんだよ！ 肉眼でなく、霊眼なら12光線として見える！ 可視光線ではなく、「不可思議の世界」。これは、3次元物質化現象と関連しています。

12色のうち5色が、5大エレメント（地・水・火・風・空）に変換され、物質化しました。

残りのレインボー7色が光として残りました。

（地・水・火・風・空）5＋識（意識）1＝6

地球（地）・人（水）・エネルギー（火）・空間（風）・宇宙（空）を意識を使って変えてしまう。すなわち666、ミロクの世です！

・天（9）－《マイナス》3＝6 ・人（6）±《プラスマイナス》0＝6 ・地（3）＋ 3＝6

Rレッド Gグリーン Bブルーが3原色。

2つに下がると、白黒の氷河期。1つに下がるとポールシフトです。

これが、白峰先生ご提唱のIT（イマジネーション・テクノロジー）革命にリンクするようですね！「イマジネーション・テクノロジー」とは、AKB48のポニーテイルとシ○シ○みたいなものさ！

皆、ポニーテイルにすれば、可愛いと思うでしょう。意識の表現で、人生がチェンジする!!

ポニーテイルとテッシュでなし（笑）。

あ～わかりました～。要するに「パラダイム・シフト」

世の中の主流となっている常識的な考えに、大きな変化が起こるのですね！

Q16　私たちが電脳社会「インターネット」を使っていることが、IT（イマジネーション・テクノロジー）革命にリンクするようですね?!

A　インターネットは、当初は世界政府が人類支配のために利用しようとしていましたが、今では逆に、民衆の啓蒙に役立っています。

脳・ハート・仙骨にフォトン宇宙エネルギーを受けて、2012年12月からエネルギーグリッド（エネグリッド）を形成して変換する時がきます！

・天6　脳（松果体）
・人6　ハートチャクラ（胸腺）
・地6　仙骨（ベースチャクラ）

つまり、炭素系生命体から珪素系生命体への変換です！（2012年～2016年）

映画「マトリックス」から始まり、現在（2011年）は「トロン」

すなわち、意識世界の実体化。

そして、最後は「ユビキタス」。
ユビキタスとは、任侠の指つめに非ず（笑）。神が遍在するという意味。
ソフトバンクの孫さんの「光の道」とは、ユビキタスの導火線！
孫さんに伝えて下さい！

「損をして徳を取れに非ず、孫（損）じて金を取れ！」と（笑）

白峰先生より推薦！「行徳哲男」先生の本

「いまこそ、感性は力」（到知出版社　行徳哲男）
白峰先生から「是非読んで欲しいページは、P48、P81、P137、P185、P197
とくに！！！　「今を最高に生きれば、過去が変わり未来を支配できる」
この言葉は中今（ナカイマ）精神そのもの！
白峰先生は、お母さん達から子供達に、是非読んでもらいたいそうです!!

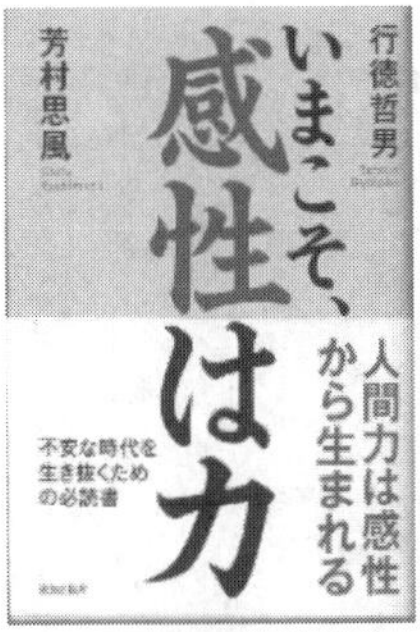

追伸……行徳先生と白峰先生が、大好きな蕎麦屋に行った時、白峰先生が、鴨ナンバンそばを注文しました。するとと行徳先生は、「野生の鴨を食べたい！」と……（笑）。

鴨ナンバンそばを食べながら、行徳先生は鴨に一言。「つかまりやがって馬鹿な奴め！」既に飛べない鴨に、涙を流しながら（！）話しかけていました。

行徳先生の優しいお人柄と、白峰先生との楽しい交遊がうかがえますね……（笑）。

行徳先生プロフィール　1933年　福岡生まれ。成蹊大卒。労働運動激しき時代、衝撃的な労使紛争を体験し、〝人間とは何か〟の求道に開眼。

1969年渡米、Tグループ（臨床心理学のグループカウンセリングの一種）の世界と出会い、米国流の行動科学・感受性訓練と、日本の禅や経営哲学を融合させ、BE訓練（Basic Encounter Training＝「人間開発・感性のダイナミズム」）を完成させる。

箱根山中にこもり、5日間にわたって実施される研修は、これまで開催550回、1万8千人超が参加。政財界、スポーツ界、芸能界など広い層に門下生を有する。

現在、筑波大名誉教授・村上和雄氏、感性論哲学者・芳村思風氏らと共に、「21世紀の日本の使命を担い得る」青年の育成事業に携わっている。

著書「感奮語録」「随所に主となる」「遺伝子は語る（村上和雄氏と共著）」「いま、感性は力（芳村思風氏と共著）」（以上、到知出版社）他

Q17　古代天皇の寿命が何百歳とか何千歳、身長が3メートルとか5メートルとかいう情報が古文献に残っていますが、これは、レムリアやアトランティスの状況と相似象なんですか？　また、ニニギノミコトとコノハナサクヤヒメの話は、統合から分離の時代へ、3次元の世界へ降下した話ですよね？

A　レムリアやアトランティス、そして、古代天皇の時代は、半霊半物質の多次元でした。

空気の密度や原子構成が違っていました。

地球も、エーテル体・アストラル体・コーザル体・メンタル体と多次元でした。

実は、今も多次元なのですが、人間の認識能力が落ちています。

当時の思考・行動・食生活も、今とは違いました。人間の想念が、どんどん空間磁場を重くして、3次元世界に降下した状態が、今の世界です。神の国、高天原をこの3次元地上に作ってみなさい！

というのが、この私たちの世界だったのです。

今後、また分離の世界から、統合の世界、もとの次元の世界へ戻っていくことになります。

Q18　鹿児島には、神代ウガヤフキアエズ朝の天皇御陵（墓）がありますが、どのような王朝ですか??

A　神武天皇以前の古代天皇です。四国の剣山を本拠地としたキングソロモン王朝・現在の天皇家とは、別の流れです。

6000年前の古代シュメール、拝火教ミトラ（太陽信仰）、イルミナティ（天孫降臨）天皇と共に、歴史を作った光の存在です。

イルミナティの秘密を紐解いていくと、天皇家の奥の院の話が出てきます。

その配下で天皇家を支えた石工集団が、フリーメイソンです（しかし、中世・近代のフリーメイソンにあらず）。

天文学・古代の錬金術・神智学・古代の叡智・そして、宇宙存在・地底存在とつながっています。

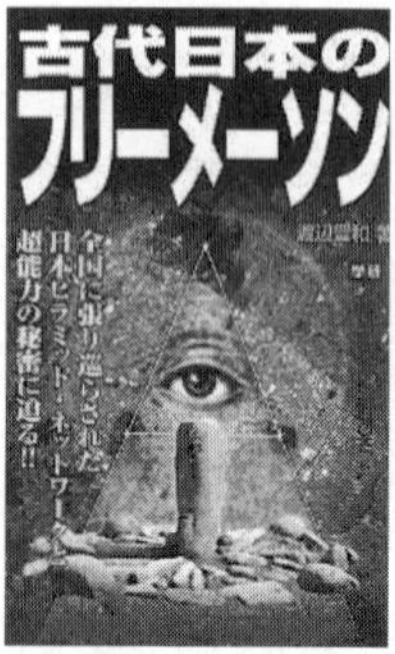

古代日本のフリーメーソン　学習研究社
渡辺豊和

「イルミナティ」と「天使と悪魔」→人間＝「光」なり！

白峰先生より「イルミナティ」、「天使と悪魔」という映画二本は是非見てね！　少しは、「本当のイルミナティ」への誤解がとけると思います。

鹿児島ＵＦＯ注釈……「イルミナティ」について、ライブドアが行った１００人アンケートを掲載しました。

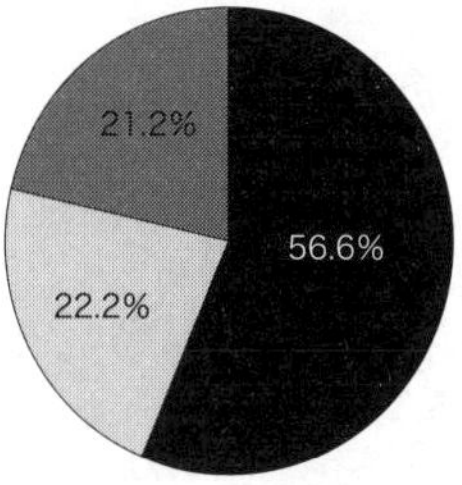

1 ■ イルミナティー？ 何それ。全然知りません。
2 ■ イルミナティーに関して全て知っている。
3 ■ イルミナティーの名前だけ知っている。

人間＝「光」なり

古代ユダヤと古代日本は同祖に非ず！　日本とユダヤは、「世界天皇」すなわち「日ユ皇祖論」（国際結婚）が正解であり、イルミナティも、本来肉体を持たない光の存在（高次元）が、地球の進化と人類の創造を担当するストーリーからのスタートであるが、今は、本来のイルミナティの10分の１しか理解されていない。そして、西洋近世の錬金術オカルトと勘違いされているのが、とても残念です！

日本では、６５０万年前、金星から飛来したといわれる（本当はシャンバラから来た！）「サナート・クラマ」の伝説が、実は「日本イルミナティ」の発祥なり！

京都クラマ寺の「毘沙門天・千手観音・魔王尊」とは仏教伝来であり、鞍馬寺が建立されてからの物語である。サナート・クラマ「地球霊王」とは、直接的には一切の関係は無い！

本来の「クラマ」は、「クメラ」と申し、それ以前は「スメラ」と呼ばれ、地球霊王のＴＯＰである！

「古代天皇」は、すべて地球霊王の承認にて、世界天皇（スメラミコト）として働いた（その伝説ゆえに、京都には御所があったという意味を、誰も知らない）。

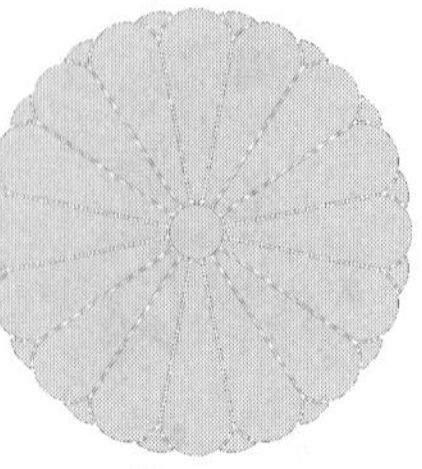

Q19　宇宙存在について教えて下さい

A　太陽系のすべての惑星には、宇宙存在がいます！

月……青白いヒューマン型・月の裏側には、様々な建造物があります。
火星……タコ型（映画「インディペンデンス・デイ」が暴露）
　火星の地下には、太古の神殿があります。
金星……シリウスへのスターゲイト（次元関門）になっています。
太陽……日蓮さんも太陽出身です（実は、太陽の内部は熱くない）。
そして、地球の地底にも宇宙人はいます！

地球の５色人と相似象をなす宇宙人タイプ

・プレアデス星人（白・女性性と精神世界）
・オリオン星人（赤・男性性と物質世界）
・グレー星人（緑・フリーターやニート）
・シリウス星人（青・官僚などインテリジェント）
・ほか、ベガ星人・リラ星人（黒・中性的な人）など
＊神は金色（ゴールド）です。

もともとは、宇宙から飛来して人間の体に入り、地球に入植、輪廻転生して経験を積んでいる。それは、あなたも例外ではない（笑）。

映画「インディ・ジョーンズ　クリスタル・スカルの王国」仰天の意味！　とニュース報道おかしいゾ?!

この映画が、今までのインディ・ジョーンズとは違った感じを受ける本当の理由は、マヤ文明ほか、全ての古代文明に宇宙存在の関与をほのめかすという、「明確な意図」で作られたものだからです。

マヤ文明に伝わる水晶ドクロ「クリスタル・スカル」も、本来はオーパーツ（OUT OF PARTS　時代的に常識では考えられない歴史的な出土品）扱いで（太古の昔にあれほど精巧にクリスタルを磨く技術があるはずがない！　という意味でオーパーツです）、解明がすすんでいませんが、人類と地球にとって、今後、とてつもない秘密が明かされることになります。

書籍、「クリスタル・スカルの2012：超予言　プレアデス・オリオン・シリウスからもたらされた人類の次元上昇装置」（徳間書店・クリス・モートン／セリ・ルイーズ・トマス著　南山宏訳）が、この映画の脚本の情報源になっているようです。非常に興味深い内容ですので、興味がある方は、是非お読み下さいね。

実は、このたび……、公式マヤ長老議会440人が、重大発表を行いました！　マヤ族・ホピ族・チベット族が、同一出身の民族であって、その出身は、なんと「アトランティス」であると！

この映画に出てくる「クリスタルスカル」の後頭部の長い種族は、約3600年前のエジプト時代にも実在しています！「アメンホテプ＝イクナトーン」。その容姿体型は彫刻で残っており、カイロ博物館に絵画も残っています。

たった在位18年の間に、急激な文化と宗教の進化をもたらしたファラオでしたが、その長く伸びた後頭部は、明らかに人間ではなく……、実は、プレアデス星人なのです。人間はその強大な力を持つファラオを非常に怖れて、何度も毒殺を試みています。でも、なかなか死ななかったそうです。

「インディー・ジョーンズ　クリスタル・スカルの王国」の公開は、「宇宙存在の関与」と、今まで大いなる秘密を隠匿《いんとく》してきた「マヤ文明」について、その仰天の秘密が公表されたときに我々一般民衆のショックが少なくなるように、映画という形でほのめかしておく、第1段階であると思うのです。

そして、ある夕方の民放のテレビニュースで、「イギリス政府がＵＦＯ存在を認めた！」という報道がありました。複数の友人から電話で連絡があり、私はソレでぶっ飛んだわけですが……。

さらにそのニュースでは、「エイリアンも存在していて、その顔は全て緑色です！」と。

しかしこの緑色が臭いですね（爆笑）。映画「Ｖビジター・宇宙からの訪問者」のようなレプティリアン・爬虫類人種と言いたいのでしょう！

さらに、そのヨコに、町村元内閣官房長官の顔写真が同時に出て、「私個人はＵＦＯ存在を信じています！」というテロップも流れる……という念の入ったの内容で、ぶっ飛んだあとは、固まりました（笑）。

私は、ワイドショーではなく、「定時のニュースで、こんな報道があったのに、世間でまったく騒がれていない!!」ことに、もっと驚きました！！！

おそらくこのニュースは、日本国民がどう反応するか？　の「社会実験」だったと思います。

（感性ある人、まだ少ないのかな……残念！）

Q20　宇宙の二元性と今後について教えてください。

A　すべては、陰陽で成り立つ、されど陽陰にあらず。ここに大きな意味あり！

78＝22　黄金律
22とは11と11の数霊の働き
5＋6＝11　フラーレンの本質

全宇宙の78％は、「陰」のエネルギー
見える22％の陽世界との黄金律

されど、見える世界の11％は極性あり。その中に、人間の意識と生活があります！　残り11％は「5大」と「6識」。分かるかな〜。普通の人は見えないし、感じないから（笑）。

プレアデス　VS　オリオン
精神性　物質創造科学
レムリア　アトランティス
平家　源氏
赤（旗）　白（旗）
イザナギ　イザナミ

平家の旗と、源氏の旗を統合したものが「日の丸」

プレアデスの技術は、人体が3次元に定着するために遺伝子操作（宇宙人ソウルの入植のため）を行い、人体と重力とを同調させた。

オリオンの技術は、ピラミッドを仲介した気象安定装置など、自然に働きかけた。

天皇家も、シリウスからの天孫降臨であるとの説あり！　コンピュータの技術は、そのシリウスから来ている。今後の地球文明は、シリウスの影響を受ける。

「ガイアの法則」と「タオ・コード」と「自助論」セットで必読です!!（白峰先生より）

「タオ・コード　老子の暗号が語り出す性の五次元領域から迸る秘密の力」（徳間書店　千賀一生）

中国雲南省の山岳地帯、老子の母の故郷とされる秘境を訪れた筆者は、そこで古代より秘蔵されている驚くべき史料、原版の老子書を手渡される。その地には、隠された老子の教え〝聖なる性の秘儀〟を純粋に継承し、生命の悦びに満ち溢れた人々の姿があった。（先住民の叡智……映画アバターの原点がココにあり!!）世界で初めて明かされる老子書の全貌と、超意識へと覚醒した人々を追った衝撃のノンフィクション！　原版の老子書／全訳付き。

白峰先生より……同じく千賀一生氏の「ガイアの法則」（徳間書店）は、風水幾何学の絶対法則を書いています。**数霊（かずたま）と地球エネルギーの対流性は、風水学では秘中の秘ですが、その一端が、この本に出ています！**

鹿児島UFO談……宇宙のリズムに確かにつながるためには、陰陽・男性性・女性性のバランスが大事です！　その理解のためにもこれらの2冊はとても重要です。「ガイアの法則」は「タオ・コード」を読んだ上で読むと、さらに理解が深まります！

さてさて「ガイアの法則」を読んで、ワナワナ振るえました！　スピンしました（笑）。白峰先生の御高説と相似する点もあり、超ビックリです!!

「ガイアの法則」は、今までのスピリチュアル本とは大きく切り口を変えたシュメール変性意識と、物理法則による目からウロコの本です!!　シュメール以前の弘観道大秘伝、金星飛来サナートクラマ　世界天皇パンゲア　レムリア　アトランティス等、シュメール以前と以降の情報本としては大傑作であります！

オマケに、白峰先生ご講演にもありました超核心の「アイン・ソフ」や「マルチョン」までも記述されていて、もう、超ワープしてしまいまスた（笑）。いやはや超ド級～の内容です。

文明が1611年周期で興亡し、22・5度ずつ東西に移動するという驚愕の法則を公開！欧米興亡の次はついに日本の出番です！　白峰先生ご提唱の「黄金人類復活」の裏づけがこの本でなされています!!　そして。近年までロスチャイルド、ロックフェラーなどアングロサクソン種がなぜ力を持っていたのか？　などが、こうした物理法則にて解明されています。

・次の文明のリーダーが何者になるのかが明らかになる
・繁栄を導く至宝の宇宙法則を初公開　・高次元のシュメール大神官からのメッセージ
・聖なるリズム　・1611年間に、経度にして22・5度の焦点〜
・東側スピン・西側スピンで動く文明の移動、
・日本の135・0度が・明石兵庫・未来へのカギとなる
・時空間に流れる16ビートの法則　ユダヤと日本に引き継がれたシュメールの叡智
・エッセンスとしての十六菊花紋章の謎
・聖なるリズム・宇宙スピンの原理に貫かれたガイアのかつてない真実
・単なるスピリチュアルを越えたスピンの数学
・物理─知ろうとする者を圧倒し、思わず息を呑む宇宙スケールの風水

船井幸雄氏も推薦、宇宙規模の風水ともいうべき秘密を解き明かしたこの本は、大いに参考になりましたとあります。とにかく超〜オススメです!!

もう一冊ご紹介します。
「自助論　西国立志編」（幸福の科学出版　サミュエル・スマイルズ著　中村正直訳）も、白峰先生大推薦です！

白峰先生より……この名著を、今なぜ紹介するか？
それは、小沢一郎君が「政治は、国民レベル以上の政治家は現れない！」と申したから（笑）
国家とは、国民一人一人の質で決まる！（小沢一人一郎さんの質で決まるの？　笑）

鹿児島ＵＦＯ談……「自助論」は、スピリチュアル系の有無にかかわらず、この行き詰った世の中、政府や他人のせいにするのではなく、国民一人ひとりが立ち上がるために必読ですネ！　今回ご推薦頂いた３冊……、超オススメです！

Q21　月と火星はさらに特殊なのですよね？

A　火星は、地球の未来の型（核戦争と砂漠化現象）……というのはウソです！（笑）

火星には、大気も水もあり、地球と変わらない！　その地底には、純金の柱が数千本ある。

（アメリカ特殊部隊……火星計画は、これが目的）

失われた火星人の謎とサンドワーム　学習研究社
飛鳥昭雄　三神たける

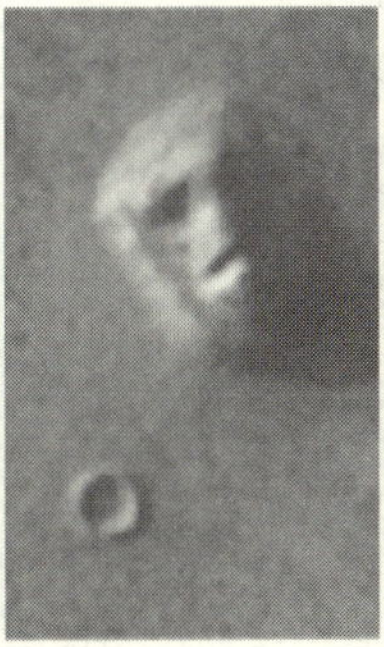

火星の人面岩

アポロ計画の謎と月空洞論　学習研究社
飛鳥昭雄　三神たける

月は、まさに人工衛星で、230億年前にシリウス星域から移動して来たんだと……。生命磁場をコントロールする働きがあります。

シリウス→月→地球（天孫降臨）

アポロ計画が中止になったのも、宇宙存在がいたからです。それを隠すために、月面着陸の映像も、ハリウッドで捏造されました。

火星も人工衛星で、絶妙のマーシャルバランス（間合い）をとりながら、地球に隕石がぶつかるのを防いでいます。火星の地下には、太古の神殿があります。国連軍はすでに、1

000人ほどが火星に常駐しています。マル秘の移住計画も存在しています。

「スピリチュアル」＋「農業と食の再生」だよね〜♪

昨今、農薬・添加物・環境ホルモンなど、農・食・自給率の問題もご存知のとおり山積しております。

戦後まもなく「カタカムナ」で有名な楢崎皐月博士が、無農薬＆有機の素晴らしい農法を農協組織を足がかりに、全国へ指導を始めようとした矢先に……、GHQ（アメリカ占領軍）のヨコヤリが入り、化学肥料＆農薬を使用した農法が当たり前という洗脳が全国的になされてしまいました。

以来、現代の農作物は農薬の害もですがミネラル等の栄養素の含有料が、極端に低下しているという現状がありますよネ〜！

このままではイケない！　と、地元鹿児島でも我がスピリチュアル仲間達によって、近年のロハス＋スピリチュアル＋自然農法の模索・研究・試行錯誤を行って、全国の様々な農法を比較検討した結果……。

近藤さんの行っている特殊なミネラルを使用した「ナサラ農法」が突出して素晴らしいと体感しております。（キャベツなども、大きく身がズッシリ！　一度収穫＝切り取っても、また2個目が生えてきますよ）

ナサラ農法　近藤謙次さんブログ　http://blog.goo.ne.jp/knd369

ナサラショップ　http://nasara-shop.com/

以下、ナサラ農法の資料より。

近代農業の発達に伴って、化学肥料によって土壌に窒素、リン、カリを補給することが日本の農業における主流となりました。しかしこの手法では、土壌は一部のミネラル分のみが過度に多いバランスを欠いたものになり、自然状態での土壌のミネラルバランスとは大きくかけ離れた状態になってしまいます。

このような土壌では、植物は自然本来の状態での力を失ってしまい、昆虫から身を守るフェロモンも発することが出来なくなって、虫食いの被害にあいやすくなってしまいます。また、併せて散布される農薬によって土壌中の菌も死滅してしまうため、病原菌の被害にもさらされてしまいます。

ナサラ農法では、近藤さんが独自に開発した農業資材によって広葉樹林帯の腐植層を圃場（作物を栽培する田畑）に再現し、陽イオン交換膜の機能を持たせます。このことによって土壌はミネラル分を保持することが出来るようになり、そこを通る水もイオン化されるため、根を張った植物はミネラル分をしっかりと吸い上げられるようになります。

ここに、植物由来のミネラル液、酵素液、土壌菌活性液も散布することによって、ミネラル分の補給、各種分解生成反応の促進、土壌菌の活発化を行い、土壌状態を更に改善します。植物の成長を促す固有振動を発する岩石片も圃場に撒くことで、植物の生育に欠かせない光の波長を与えることにより、菌・ミネラル・酵素・光の波長の、4つの重要要素のバランスを整えて植物の栽培・生育を促進していきます。

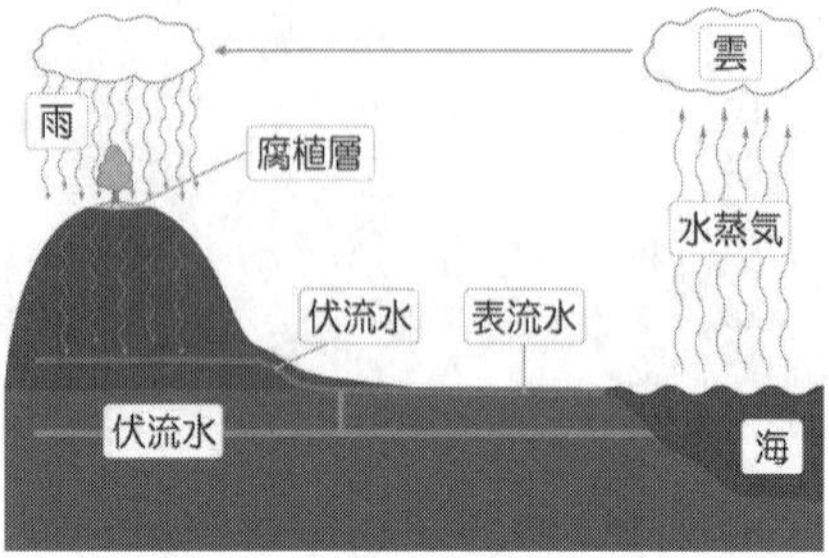

そのいずれの処方も、近藤さんが自然界を注意深く観察し発見したバランス状態を再現することに主眼が置かれています。ナサラ農法で理想的な生育環境を整えられた植物は、非常に活発な生育を見せます。指導を受け、ナサラ農法の実践をされた生産者の皆様には、その生育ぶりに「信じられない！」と驚きと喜びの声を上げて頂いております。

「マスコミコの裏読み」……先般の北京オリンピック直前も、日本のテレビが全局一斉に、冬でもない、兆候もない変な時期に「もし新型インフルエンザが蔓延したら」という警告的な放送を流したことを憶えていますか？　実はあの時、中国では爆発的に新型インフルエンザが流行していて、オリンピックを中止したくない中国は、その情報を隠していました！（外国にも言わないでくれ！　と言っていた）

それを知った上で、日本政府とマスコミ連動の、奥歯にモノのはさまったような、テレビ全局を使った新型インフルエンザ警報だったのですよ！　地震なども、混乱やハズレた時の批判をさけるためもあって、あからさまには警報を出さずに、「もし地震が起こったら？」というような放送を増やしたりします。

私たちは、マスコミ報道のウラを読んで行きましょう！（笑）

Q22　地球の戦争は、宇宙の戦争と、相似象になっているそうですね？

A　その表れとして、国旗があります。

星や月が入っている国同士では、戦争になってしまう傾向があります。

宇宙戦争
明窓出版
光悠白峰

星の国……アメリカ・中国・北朝鮮
など
月の国……イスラム共和国・トル
コ・パキスタンなど

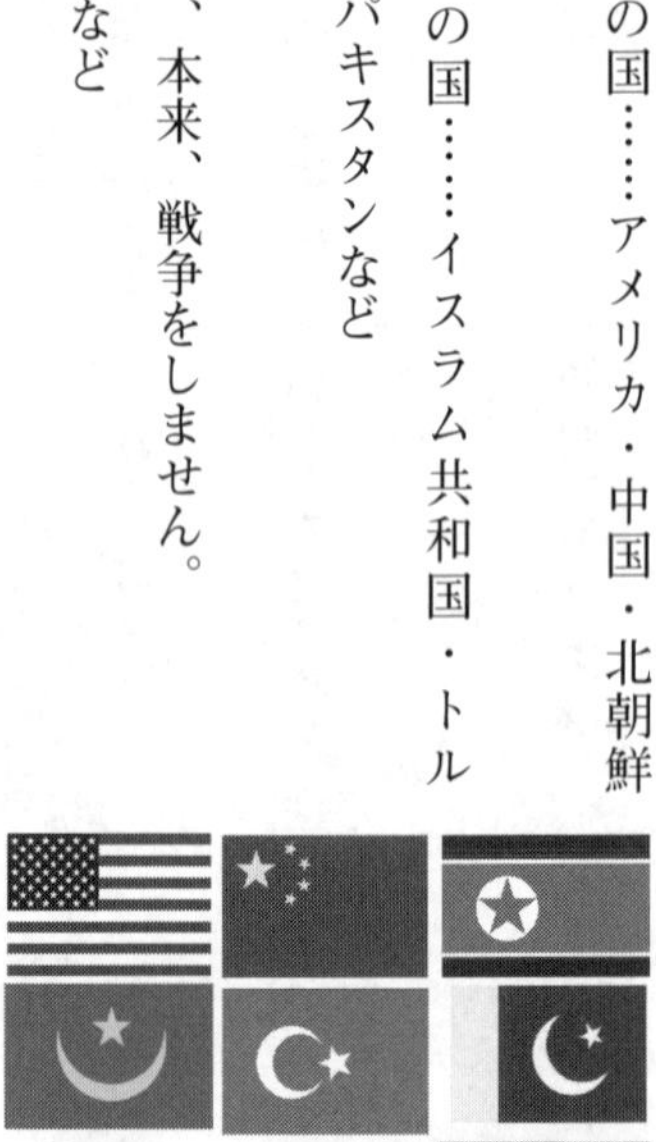

それに対して、太陽の入っている国は、本来、戦争をしません。
日本・バングラデシュ・パラオ・台湾など

星と月と日の三元しかありません！

天赦《てんしゃ》日とは？（温泉風水開運法）

「温泉風水開運法」（明窓出版　光悠白峰）の90ページに、相象学での温泉入りを、「天赦日」に行うと更に良し!!　とあります。
その天赦日《てんしゃにち》とは……、百神が天に会合し、天が万物を許す日であり、万事にわたって吉。結婚や事業創立、開店などにも吉とされる。

もちろん、相象学的な温泉入りも大吉！　「温泉風水開運法」をご参照下さいネ〜。

四季の天赦日は、春は戊寅の日、夏は甲午の日、秋は戊申の日、冬は甲子の日。

天赦日（２０１１年）・１月９日（日）・３月24日（木）・６月８日（水）・８月７日（日）・８月21日（日）・10月20日（木）

（２０１２年）・１月４日（水）・３月18日（日）・６月２日（土）・８月１日（水）・15日（水）10月14日・（日）・12月29日（土）

温泉評論家・光悠白峰先生　推薦！　開運効果と神仏の守護を頂きたい人（とくに中小企業の宴会etc.）に天下一の大露天風呂紹介！

「宝川温泉汪泉閣」０２７８—７５—２１２１

(http://www.takaragawa.com/)

群馬県水上町にある宝川温泉は、秘湯というより「開運の湯」。

日帰り入浴もでき、特に女性にオススメです♪

中小企業・女性経営者は、宴会に「白峰の部屋」をご利用下さい（笑）。

他、お勧め温泉

山陰の米子、皆生温泉《かいけおんせん》、海潮園（http://www.kaichoen.net/index2.html）

大神山神社、妖怪神社のセットで参拝も推奨。

東北の岩手、元湯夏油温泉《もとゆげとうおんせん》（http://mizuki.sakura.ne.jp/~geto/）

5月～11月　年間　約半年のみの営業（おそらく雪のため？）。7つの素晴らしい温泉があります!!

Q23　宇宙存在が人類に対する態度には、どのようなものがありますか？

A　どの古代文明でもしかり、宇宙存在の介入は常にありました。

2割の宇宙人は、地球を占領したいと思っています。

５割の宇宙人は、関係ないと思っています。
３割の宇宙人は、地球人と仲良く、協力してやっていこうと思っています。

ロズウェルにUFOが墜落した　学習研究社
ﾄﾞﾅﾙﾄﾞ・R・ｼｭﾐｯﾄ、
ﾄｰﾏｽ・J・キャリー

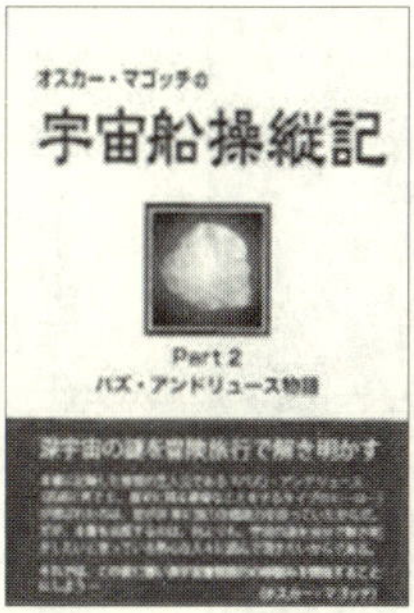

宇宙船操縦記　明窓出版
オスカー・マゴッチ

自衛隊パイロットたちが
接近遭遇したUFO
講談社　佐藤守

太古、宇宙から飛来してきたイルミナティ（光の存在）には、「人間は仕えなさい」「余計な人間は削減すべし」というスタンスがあります。そこには、善悪を超えた、太古からの命令が自動的に継続されています。

２０１２年、この命令が解除されます。

地球を占領したい宇宙人たちと密約をしているのが、イギリス・アメリカです。その裏で、アメリカは、言うことを聞かないと沈めるぞ！　と脅されています。

中国も密約しそうになりましたが、そういう実態を知っているロシアが止めました。日本は、密約を結んでいないのでまだ良いのです（ＵＦＯの目撃はあるが、宇宙人による拉致は無い）。

今後、密約の解除（問題解決）には、天皇家と日本人（黄金人類）がかかわり、3割の良い宇宙人たちと連携する今回の地球維新も、私たち日本人がキーマンになります。

Q24　宇宙存在は、地球の地底存在と大きなかかわりがあるそうですね？

地球維新Vol. 3
明窓出版
白峰由鵬・中山太将

地球維新Vol. 1
明窓出版
窪塚洋介・中山康直

中山康直さんには、「鹿児島UFOは、一般人がテレパシーで地底存在（シャンバラ・テロス）からも動かされている珍しいケースだ！」と言われました（笑）。

A　ヤッちゃんデマカセ～（笑）。（出るに任せる！　中山さん一流のチャネリング手法です）

地底には、悪い宇宙人も、良い宇宙人もいます。

そして、私たちの先祖・レムリアの伝承者・アトランティスの末裔・白色同胞団（ホワイトブラザーフッド）もいます。

地底の高次存在が、アメリカの上層部へ伝えたこととして、「2012年以降は、アメリカとではなく、東洋の一部の人々（日本人）をネゴシエーター（交渉人）として、共に、宇宙・地底・地球と連携して、新時代を作っていく」そうです。

チベット・モンゴル自治区を、中国がダライ・ラマ氏に返還したら、中国は宇宙存在（地球内・地底の宇宙人）から、大変評価されるでしょう！　次のノーベル平和賞へのステップとして……。

Q25　アメリカの「ロズウェル事件」と、スピルバーグの映画「未知との遭遇」には、ある仕掛けがあるそうですね？

A　そうです。結論的には、世間に宇宙存在をアピールして、地底存在から目をそらすという目的がありました。

１９４７年、アメリカ・ロズウェルに墜落したＵＦＯは、実は、地底から来たものです。回収された遺体をＤＮＡ分析したら、モンゴロイド（東洋人・日本人・つまり私たちの先祖）だったのです。

以後、怖れをなしたアメリカは、戦後のＧＨＱ占領政策に、日本人封印のためのマル秘作戦を盛り込み、今も日本はそれに影響されており、日本人が情けなくなっています（地球維新の志士達、しっかりやって行こう！）。

「未知との遭遇」は、地球外生命体とのコンタクトをテーマにしていますが、本当は、宇宙存在は地底からやってくるのです！

地球の地底と外宇宙は、「メビウスの輪」のようにつながっています。

最奥秘伝「メビウスの輪と宇宙と人間の超秘密」

以前、夜のテレビで、月へ行ったことがあるアメリカのアポロ宇宙飛行士・エドガーミッチェル氏が発言していました！「身命にかけて、宇宙人・エイリアンはいる！　ロズウェル事件は、実際にあった事件だ！」と……。

その番組では、あの超常現象否定派・大槻教授もタジタジで、ポロリと本音を……、今まで色々と否定してきたが……。立場上、言えないことや認められないことがある！　と言っていました。テレビも、だんだんと「封印」が、解かれつつあるのでは？　と感じました。

白峰由鵬先生からは、私たちの所属する宇宙の範囲は「太陽系まで」であり、その外の銀河宇宙は、地底から海を通して投影されている「ホログラム」である！　という驚くべき見解を聞きました（次元が違う）。

仏教経典の中にも、遠い未来の太陽や宇宙の終末の様相を描写したものがあるのですが、その記述は、現代科学の見解と一致しています！　これは、内宇宙の真理に到達した「聖者の悟り」に、現代科学がやっと追いついてきた！　ということになるでしょう。

白峰先生の「太陽系」見解も、深い瞑想状態によって得たビジョンでありましょうが、十年もすれば、現代科学も、「私達の宇宙は意外と狭いのだ！」ということに気づくかもしれませんネ。

やはり、私達の所属する宇宙は、３次元世界を体験するために作られた「ＯＫ牧場」であり、そろそろ、皆が気づき始め、永年続けてきた「輪廻転生」を卒業する時期に、さしかかっているのでありましょう！

宇宙へ探査船を送り出すと、長い年月を経て、いつのまにか地球へ舞い戻る！　という話を聞いたことがありませんか？

それに類する話を、ヘミシンク覚醒者・沖縄の「前里光秀」氏の鹿児島講演で聞きました。彼は覚醒しているので、「過去・現在・未来・宇宙・体内など」どこにでも意識を飛ばすことが出来ます!!　実際、私も前世をリーディングして頂きました。

前里氏の体験では、「外宇宙へドンドン飛んで行くと、いつのまにか自分の体内に戻っていた！」そして、「体内の細胞の中へ中へドンドン入ってゆくと……、いつのまにか宇宙に出てしまっていた！」と。これぞ、まさに真理でありましょう！

つまり、「内宇宙 ―― 人間 ―― 外宇宙」は、ぐるりと周って元に戻る「メビウスの輪」のようにつながっているのです!!　同時に、いみじくも、彼は言いました!!「外在の神も、内在の神も、表裏一体だ！」と……。これってものスゴイ発言なのですが……、お解かりですか？？？

それは、白峰先生の「中今意識」であり、ゲリー・ボーネル氏の言う

「覚醒」。「神と同等の魂意識」と「今まで進化してきた身体意識」との合一であり、そこは、「全てがＯＫ！」で（前世も含めて）全てが解る」状態だと！　各者表現の違いはあれども、何かずいぶんと、本質が解ってきましたよね？　あとは、「実践」「体感」「個人意識と集合意識のクリーニング」です♪

ついに実現した地下存在との対話　徳間書店
ダイアン・ロビンス

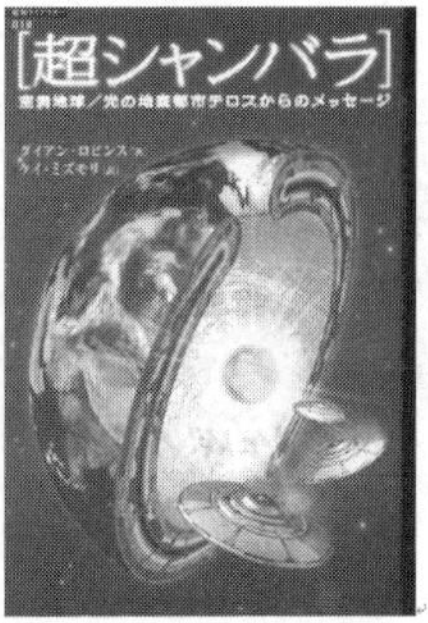

超シャンバラ
徳間書店
ダイアン・ロビンス

Q26　私たちは、どのような状態になれば、地底世界の人たちと遭えますか？

Ａ26　私のコンタクトによると、人間が、「善と悪」「光と闇」「陰と陽」「男と女」すべての二元性をひとつに統合した「観音意識」になったときに、地底人は、現れると言っています。

地底人は、15000年以上前の先祖です。65％がレムリア系、35%がアトランティス系（その45%がプレデアス系）です。

Q27 地底世界への入口はどこにありますか？

A　アメリカのシャスタ山ほか、世界26カ所、日本には13カ所あります。

富士山・小笠原の海底・北海道・熊本阿蘇カルデラ・琵琶湖・ほかマル秘（笑）。

実は、日本そのものが、世界の聖地なんです。

白峰先生より……映画「2012年」地球大変革！

さて、皆さま映画「2012年」はご覧になったでしょうか？　白峰先生よりメッセージを頂きました。

家族で逃げるのに50億ユーロはいらず！　5円（ご縁）があれば行ける！　グリーンカードも、バンクカードも必

シャスタ山で出会ったレムリアの聖者たち
徳間書店
ユージン・E・トーマス

空洞地球
徳間書店
ダイアン・ロビンス

要無し。最後は、プライスレス！　お金で買えない物語。映画「ノーイング」は宇宙船、この映画「２０１２年」は、ノアの方舟。映画では最後にアフリカが大陸上昇したが、日本列島が上昇するかもしれない！　政府はスーパーコンピュータに予算を付けないと、２０１２年対策遅れるよ（笑）。

鹿児島ＵＦＯ談……白峰先生が5年前からハリウッドへ。ご提案の映画がついに上映されました！　さっそく観ました！　私は通常、映画は最後尾で見るのですが、何故か中段のド真ん中を指定され、あまりの迫力に眼が回り、吐き気も（笑）。スターウォーズを凌ぐ、超ド級のＣＧで、このＣＧだけでも見る価値は充分にあります！

太陽フレアの甚大な影響で、地球内部が沸騰し世界中の火山大爆発、１５００メートル級津波、震度10以上の地震、ポールシフトなど、ありとあらゆる壊滅のオンパレード、ＣＧがものスゴイです！

全世界の政府が秘密にしている中、大富豪と選民だけに避難の情報が知らされ……、一般市民は、大丈夫です！　というマスコミ報道にだまされていました。こういう事態が本当に起こるのならば、やはりこの映画のように、一部の人間のみを救うというやり方のほうが確実だろ

う と私は思いました。

映画「日本沈没・リメイク版」と同じで、実際に避難できるのは、権力者と金持ちだけ！ なんと一人あたり10億ユーロ（約1兆3千万円）を払えた人のみが乗船できる！ という設定でした。タダ乗りさんもいましたけど……（笑）。

避難するのがUFOではなく大型の舟だったのが実にリアル！ この映画では、中国とロシアが株を上げています（笑）。最後、アメリカ黒人大統領の覚悟と情報開示がカッコ良かった！ いさぎよい最期、見苦しい最後、悲喜こもごも。この映画では色んな思いをはせてみることができます。自己のありようを知る好機となる映画でもあります。私が一番好きだったシーンは、チベット密教の長老の大壊滅を前にしてもゆるやかな不退転のマインド。映画にその雰囲気がうまく表現されていました！ 私も、最後はあのようでありたいです（笑）。

大パニック映画ですが、白峰先生も大丈夫だと（笑）。マヤ暦・アセンション・次元上昇・分離と統合・地球維新など、一連の叡智にはほとんどふれていませんが、「2012年問題」を大きく世の中に問うた意味では、とても意義深いですね！ 皆さま是非ご鑑賞下さい♪

鹿児島UFOと御縁のあるスピ能力者の方々（その一部を紹介・50音順）

・クリストフ・ポンタルさん。山口在住・フランス人・武道&求道家・魂の友人（合気道創始の植芝盛平翁のウォークインでもあります）　合気道・瞑想・禅・ヨガの達人！　遭うと素晴らしい波動と笑顔、流れ出るサトリの美しい日本語「ミスター珠玉」です！

・尾崎シータマタさん。中丸薫先生に「この人は本物よ！」と言われた覚醒者です！「愛」があります。スタッフの方々と抜群のチームワークで、全国を回っておられます。講演拝聴、家族で素晴らしいヒーリングを受けました♪　神戸のギャラリー&オーガニックレストラン「カフェ創造手」に立ち寄ってみて下さい。（http://ameblo.jp/cafe-creator/）

・中臣（香取）勢先生。会わずして私の存在を事前に察知しておられて、驚きました。天孫降臨以来の正統な霊系霊統をお持ちで、古神道界の大重鎮です！　小倉での講演を拝聴、宮崎の高千穂・関東の東国三社にて、ご神事&ご講演にも参加させて頂きました。ご神事の厳しさ、心構え、人間の在り方等、直々ご教示を頂いております。

・長居和尚さん。落雷を受けて以来、能力に目覚める。同郷出身の盟友。名古屋在住、守護神鑑定で有名になり、全国で講演と覚醒ワークを行っています。様々なアチューメントや高度なサニワも出来ます！（http://nagaiosyou.com/syugosin.html）

・西村祐依里さん。西村依里子先生の娘さんで、村山気学の公式鑑定家・北九州に素敵なサロンを開設・ヒーリング・ヨガ・気学・アカシック・チャネリングなど、様々なセッション・ワーク・教室等をされている。白峰由鵬先生の大ファンで、依里子先生曰く「私より素質は上よ！」と、今後の有望株である！（http://lealani.hiciao.com/）

・前里光秀さん。へミシンクの有数の覚醒者。リーディングセッションを受けました！ある方の薦めで、鹿児島講演と個人セッションに招聘しました。沖縄・東京を拠点に、リーディングセッション・覚醒ワーク等を行っています。彼のリーディングによると、私の直近前世は、未来から転生しており、ゲリー・ボーネルも納得しています。

（http://www.maesatomitsuhide.com/）

Q28　近年の精神世界でよく言われる「2012年、次元上昇」ですが、白峰先生は、「時元

上昇」と表現されています。それは、どういう意味でしょうか？

Ａ　時元上昇とは時間軸が、元に戻ること。

太陽系2万6千年に戻り、２０１２年、マヤ暦の時間が終了する。

オフレコですが、マヤ暦は、2億6千万年前、土星が太陽であった頃に作られています（太陽としての機能は2億6千万年前に終了しました）。

マヤ暦の時間の終了は、3次元生命形態の終了です。

生命磁場が入れ替わり（体内システムの変化）、ボディがライトボディへ！

より光エネルギーに近いものになる。

分子より原子、もっと微細な波動で希薄になるのです（半霊半物質）。

されど、今この現状では、２０１２年の完全トランスフォームは無理でしょう！

やはり、２０１２年から２０１６年にかけてですね！

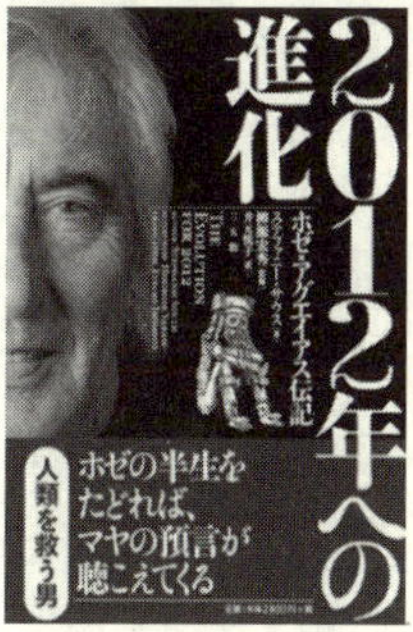

2012年への進化　三五館
ステファニー・サウス

2012年問題……古代エジプトとリンクする新説が出ました！

ハリウッド映画でも大きく取り上げられた「2012年」問題、この年について、太陽フレアの影響で電気製品が壊れるとか（？）人工衛星が落ちてくるとか（？）イロイロと騒がれていますが……。

アメリカのタブロイド紙「ウィークリー・ワールド・ニュース」によってもたらされた「2015年人類滅亡説」というものがあり、古代マヤの「2012年」説は、現代人の計算ミスで、正しくは「2015年9月」であるとか?!

それは、古代エジプトのイシス神殿に残る「世界が水の底に沈む」という予言の時期と一致するそうです!!

「古代エジプトのファラオ達が、国家機密として予言を伝承していた……」という情報は、買ったら嫁さんに怒られる～（爆笑）の「週刊プレイボーイ」に載ってました。2012年滅亡説とか、それが、2015年だと言うのは、興味本位的に扱う週刊プレイボーイ一流の表現なんでしょうか（笑）。

だから白峰先生は、2012年～2016年～2020年～2026年と、しっかり時間軸の入った「アイン・ソフ」という講演をされたわけです！

垂水区茶屋の婆ちゃんよりコメントです♪
２０１１年10月は、地球の周波数が次の段階に移行する月。
テレビがアナログからデジタルに変わるように……。
２０１２年12月は、スターシードやワンダラーの覚醒の月。

エジプトファラオ伝承の２０１５年９月、地球規模の大洪水は、コンピュータのメルティングでもある。コンピュータと「意識情報磁場」が地球規模に広がり、エーテルエネルギーがあふれて洪水になる（?）。それは、水瓶座の暗号!!

垂水区茶屋の婆ちゃんによると、「２０１６年」なんだなぁ〜！
まだまだ、世の中たった二年間では変わらない。コレがばぁちゃんの本音。

Q29　2012年以降のシフトについて、どのようになっていくのでしょうか？

A　半霊半物質には、2012年から2016年の4年をかけて、じょじょに変化していきます。肉体の変容は、意識磁場の変化から始まります。

全人口の約3割が、次代へシフトします！　残りの7割は、どうなるでしょう？　本質は自ら何を選択して望むか？　が大事です（分裂する未来！）。

その後、地球は「惑星連合」に入ります。太陽系の宇宙存在と、外交を結びます。この宇宙存在は光の存在であり、私たちの先祖です。

2016年、完全に、水瓶座の時代へ入ります。

次元上昇がうまくいっていないと、世界中が洪水になります（古代のエーテル情報が、水というかたちになって、あふれだします）。

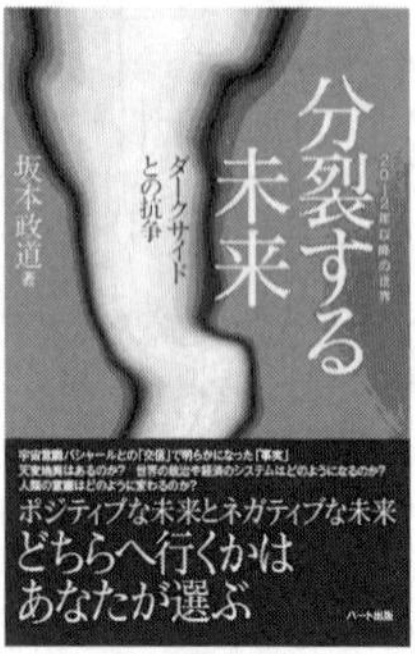

分裂する未来
ハート出版　坂本政道

2020年、ワンワールド（オリンピアンズ提唱の）として、言語・医療・政治・金融経済・宗教がすべて統一されます。これは、聖徳太子の「未来記」に「ミロクの世」と表現されています。同時に地球と太陽系は、銀河の中心に移動を始めます。

2023年、惑星（アポフィス）衝突。

2026年、ポールシフト。

右記の中のマイナス現象は、時元上昇・アセンションすることで、すべてが回避されます。
・火星に行く人……3次元世界のやり直し、ミロクの世づくりへ再トライします。
・地球は、クリスタル化して8次元まで上昇します。アセンションに成功した人たちが帰還して、新しい地球を作ります。
・金星に行く人……プレアデス・オリオン・シリウスなど、故郷の星へ帰還します（地球での3次元体験旅行が終了）。

「ポールシフト」と世界の外圧（イノベーター白峰《環境地理学博士》より）

（1）ポールシフトとは、地軸移動などのいろんな説があるが、
2012年から、地球規模の生命磁場が変わることである！（心配するな、何とかなる!!）

（2）日本には今、外国からの圧力があるが、来年から、地球には宇宙からの外圧がかかる！

外圧とは、意外性のある重力場への圧力、すなわち、太陽の変化が今以上に、覚醒のエネルギーとして地球にやって来る！　そして、いま話題のルネッサンス「意識革命」が始まる！

来年から、数多くの植付けされたリンゴ達が目覚める！

すなわち、宇宙語で「ワンダラー」と呼ばれる『スターシード』である！

（※スターシードとは、宇宙の他の星から、アセンションという地球救済の使命を持って、地球へ転生した御魂達である！）

太陽フレア、そして太陽のエネルギーが、ある一定のレベルに達すると青いリンゴ達は、正午の太陽により目覚める！

そして、3年後　2012年に向かってサナギが『蝶』へ変化してゆく！！

2012年からスタートするこのドラマは、地球時間で2020年までは続くと、私は考えている！（ただし、時間そのものの価値観は変わる！）

これから皆の衆は、何を信じて生きて行けば良いか？

それは、簡単です！　まず、家族と家庭　そして、神仏と宇宙。なにより大切なのは『明るい未来への情報です！』

参考図書「2012年・目覚めよ地球人――いよいよ始まった人類大転換の時」（ハート出版

坂本政道）

（3）お勧めの本

「世界と日本の絶対支配者ルシフェリアン」（講談社　ベンジャミン・フルフォード）

これは、「光」と「闇」の物語です。是非読んで下さい。私（白峰）が提供した情報がベースのようです（？）　大切なのは、陰謀論を越えた世界です！（事実は小説より奇なり）

Q30　マヤ暦の終了は、私たちの勘違いの時間感覚の終了でもあると言われていますが、過去と現在と未来は同時に存在しているのでしょうか？

（図は、一般人と覚醒者・時間認識違いの一例）

A　亜空間では、過去と現在と未来は同時に存在しています。

お寺の「卍」マンジのマークはそれを表現しています。

古代マヤのシャーマンたちは、意識で時間旅行（タイムトラベル）を行い、時間に関する叡智をつかみました。

いずれお金の時間軸（貨幣経済）も消えてイきます。時の旅人とは、皆さん自身なのです！

マヤ神殿とマヤ暦は、マル秘「人類進化のタイムスケジュール」

みなさま、最近、爪の伸びる速度が速くないですか？？　1日・1週間・1ヶ月・1年、時間が、すごく速く経過していませんか？　実際に早くなっているのですよ！

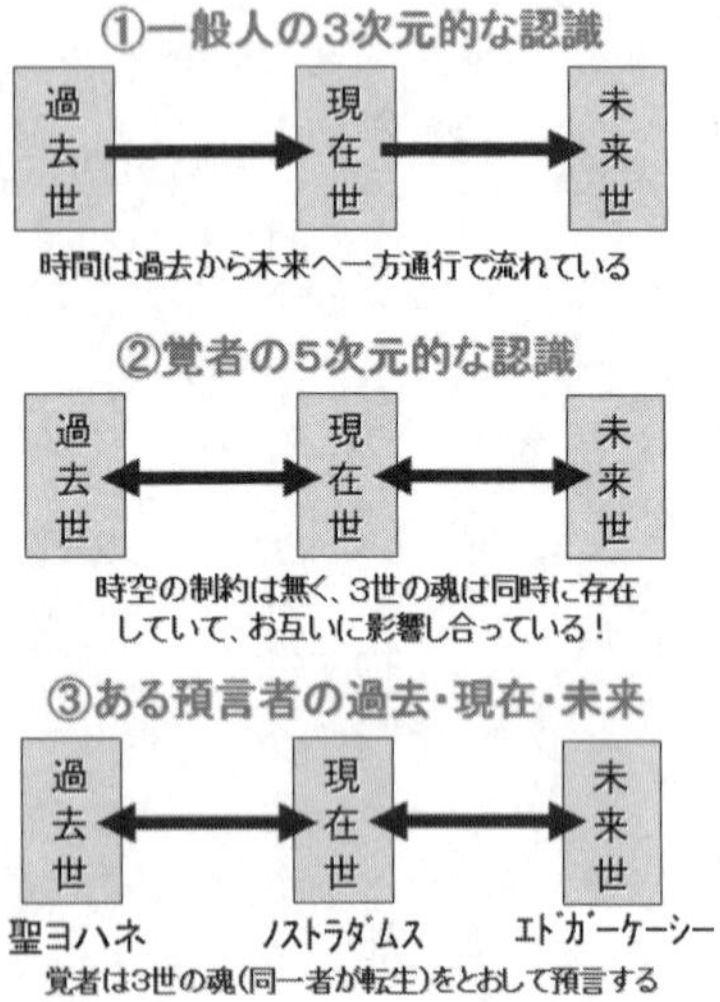
①一般人の3次元的な認識
過去世
現在世
未来世
時間は過去から未来へ一方通行で流れている
②覚者の5次元的な認識
過去世
現在世
未来世
時空の制約は無く、3世の魂は同時に存在していて、お互いに影響し合っている！
③ある預言者の過去・現在・未来
過去世
現在世
未来世
聖ヨハネ
ノストラダムス
エドガーケーシー
覚者は3世の魂(同一者が転生)をとおして預言する

マヤ暦がソレを証明しています!!
暦や時間に関して、人類で最も造詣の深いマヤ文明のマヤ暦は、13と20の組み合わせの260日周期で動いています。全宇宙に普遍のリズムで、この暦のリズムに乗って暮らしていくと、自然と宇宙のリズムを感じ、覚醒の道を歩むと言われています。

マヤの神殿は10段構造で、なんと、太古から2012年までのタイムスケジュールを表しています！

１段目は１６４億年、１日の長さは12億年で、大変ゆったりでした（創造主の実験場として、太陽系創造に始まり、人類進化の歴史が始まった！）

各段は13に区分されて、13区分目を最後として、１段上がります。

各段を上がるごとに、フラクタル（だんだん渦の回転数が上がるというような意味）に、20倍ずつ時間が短縮されていきます……。ですから、どんどん時間感覚が速くなっているのです。

億年単位で変化する時代・万年単位で変化する時代・千年単位で変化する時代・百年単位で変化する時代・十年単位で変化する時代……、と加速してきました！　今、私たちがいるのは１年単位で変化する、激変の８段目です！　そして「銀河意識」に到達していなければならない時間軸です。
私たちは宇宙の一員として、地球と宇宙を大事に生きているでしょうか？　自分や家族や会社や国益のことだけが大事！　となっていないでしょうか？？　それでは、３段〜６段の意識で止まっていることになります。
これから、ますます時間の加速が始まり、１ヶ月単位で時代が変化する２０１１年、そして、たった13日間でシフトしてしまう「２０１２年」。

マヤ神殿構造の秘密　（宇宙創造から2012年まで人類進化の時間軸）

どういう世界が待っているか？？（覚醒のために最重要な期間）	神　殿（光の12日間）	2012年12月22日？ 2011年12月～
宇宙と地球と調和して生きる	9段目（宇宙意識）260日	2011年2月～2011年11月
ハッブル望遠鏡や宇宙ステーション	8段目（銀河意識）12.8年	2011年1月～1999年
産業革命と近代化の時代 地球は丸い天体	7段目（惑星意識）256.25年	1998年～1742年
エジプト文明～中世 国の覇権を争う	6段目（国家意識）5125年	1742年～BC3383年
シュメール・レムリア ムー・アトランティス	5段目（文化文明の始まり）10万2500年	BC3382年～
クロマニヨン人など	4段目（部族意識の始まり）205万年	
原人時代	3段目（霊長類～家族意識の始まり）4100万年	
生物時代	2段目（複細胞レベル～哺乳類レベルまで）8．2億年	
細胞時代	1段目（宇宙の始まり～単細胞レベルまで）164億年	

ついに時間の感覚が止まって、神の門が開きます……。

はたして、その門を通過できるでしょうか？　すべては「個々の到達レベル」にかかっていると聞きます。おたがいに、その日に間に合うように覚醒していこうではありませんか。

これは、ゲリー・ボーネル氏の提唱している「光の12日間」にも直結しています！

マヤ神殿の構造ＷＯＷＯ……、よく見て下さいね！　フラクタルな時間の性質が分かります。

（おすすめホームページ　50音順）

エハン・デラヴィ（http://www.echan.jp/profile.html）関西弁を話す変なスコットランド人、幼少時にUFO存在に連れ去られた経験あり、多次元情報、変性意識、リーモトヴューイングなどの第一人者、ホームページが大変に充実しており、無料で様々な話が聞けます！（２０１０年年8月以降、エハン・デラヴィとしての著作・講演活動は全て停止したそうですが、ホームページは存続しています）

中丸　薫（太陽の会を主宰）（http://www.taiyonokai.co.jp/）世界の政治家・王族・富豪・芸術家・俳優などと親交が深い。中東で雷の直撃を受け、第3の眼を開くという覚醒体験を経て、天界・宇宙存在・地底存在の守護とメッセージを受け、長年「闇の権力」の情報を明らかにして世界平和運動を推進してこられた。各地で講演や研修会を行っている（サシでUFO談義をさせて頂きました。光のエネルギーも凄かった）。

中山　康直（いやさかの会）（http://www.yaei-sakura.net/）臨死体験時に、数万年のプレアデス星での人生を経験してきた人である。そのユニークな、ＵＦＯ論・神界論・ヘンプ（麻）論は、マシンガントーク炸裂で楽しいが、聞いているコチラは酸欠になりそうである（笑）。自然体で誠実な人柄である。白峰先生特命にて鹿児島講演に招聘させて頂き、出身星も明治維新も地球維新も同志であることが判明しました（笑）。

Ｑ31　先生は、水不足と、食糧危機は必ずくるとおっしゃっていますが、どのように対処すればいいですか？

Ａ　とにかく今は、あまりに「飽食」なんです。本来はシンプルな日本食で十分です。米・梅干・みそ汁・納豆・おにぎり・漬物・天然塩（グルメを楽しむ以外は、世界中からいろんな食材を輸入する必要はありませんね）。

味噌汁・納豆などの発酵食品（グラビトン構造）は、食品公害・遺伝子組換などを中和する働きがあります！

禅宗のお坊さんは、1日500カロリーの摂取しかなくても肌艶も良く、元気にしています。
地球のマグマから強い「気」が出ています。それを足のつま先から取りいれるように意識すると、食事が少なくてすみます。

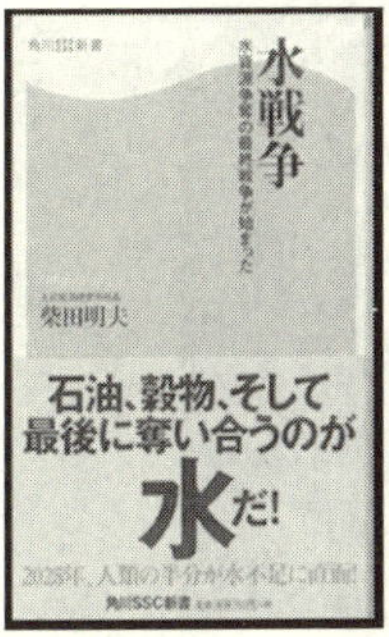

水戦争　角川SSコミュニケーションズ
柴田明夫

農経新報社　小冊子

奪われる日本の森
新潮社
平野秀樹　安田喜憲

水源を外国に買われないことで、水不足は回避できます！（白峰先生は、何年も前から警鐘を鳴らしていましたが、ようやく最近テレビニュースでもその報道が始まりました）

ダムをもっと作ること！　海水淡水化の技術を進めること！

Q32　日本人が、世界に先駆けてアセンション・時元上昇するにあたって、重要なことは何でしょうか？

A

①日本人に限らず、人種・民族を問わず日本に住んでい

ることが大事です！

②日本語を話すこと（日本語は、宇宙から降ろされた言葉）。

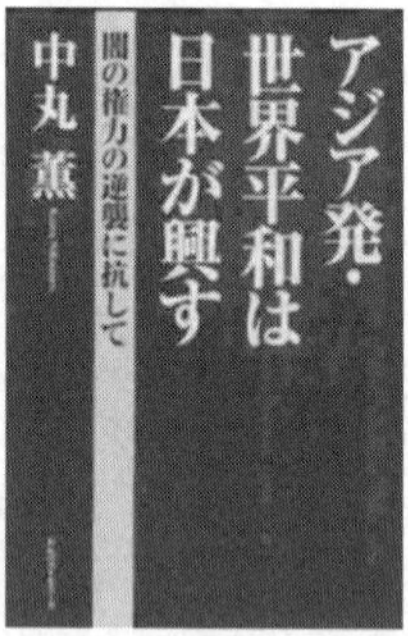

アジア発・世界平和は日本が興す　ベストセラーズ
中丸薫

ドル崩壊と世界危機の真実
あうん
中丸薫

2013年、アセンション後の地球　青志社
中丸薫

人類五次元移行会議
ヴォイス
中丸薫

2012年の奇蹟
あうん
中丸薫

新説2012年地球人類進化論
明窓出版
中丸薫・白峰

③日本食を食べる。

米・梅干・みそ汁・納豆・おにぎり・漬物・天然塩。

④日本の水を飲む。

⑤日本の龍体マグマのエネルギーを受ける。

⑥ピラミッドパワーを受ける（日本の山の80%は、ピラミッドである）。

ピラミッドは、宇宙エネルギーの増幅装置であり、世界最大のピラミッドは富士山である。

垂水区茶屋の未亡人さんより、ブログ「神仙組・光と闇の黙示録」の推薦を頂きました

(http://mujaki666.seesaa.net/)

その中でも、白峰先生関連の記事で「お釈迦様が説いたものだとしても、仏教ではないのです。キリストもそうですが、全部、人間としての在り方、自然との在り方を説いたのです。本来はみな『道』なのです。それが学問や宗教という枠に閉じこめられたから、おかしくなったのです」という文章がよかったです。

・閻魔大王の怒りと愛・地球博が型示す「瀬戸・尾張の仕組」

http://mujaki666.seesaa.net/article/16942O184.html

「一霊四魂」と愛と怒りの本質と一体性

http://mujaki666.seesaa.net/article/169448232.html

・ラストサムライと大和魂の復活

http://mujaki666.seesaa.net/article/167850411.html

ほか色々と、興味深い記事がたくさんあります。オススメです！

デミウルゴスと富士と鳴門の仕組みについて、オススメブログ！

「煩悩くんフルスロットル」　http://aioi.blog6.fc2.com/

デミウルゴスと富士と鳴門の仕組みほか、長いですが……。

垂水区茶屋の未亡人さんもなかなかイイよ～と、お褒めの記事です。皆さま、是非ご参照下さいませ。(http://aioi.blog6.fc2.com/blog-entry-1732.html)

Q33　2012年、時元上昇・アセンションは、ありますか？？

A　アセンションがない場合……カタストロフィーが始まり、地球は最終局面になっていくでしょう！

アセンションがある場合……新しい生命体への進化が始まります。

アセンションには、地球70億人のうち、13％10億人の共通意識が必要です。

アセンションを信じるとか、信じないとかいう土俵ではなくて、それを受け取って、実現すると本当に決意する人が、どれだけ現れるかにかかっています！
２０１２年から２０１６年にかけて、覚醒に向けて、体内時計・脳内時計が動き出す！　それが重要なのです。

２０１０年10月31日　ブログ「神仙組」の記事より転載
２００８年「地球維新」と既に始まっている「アセンション」の真相

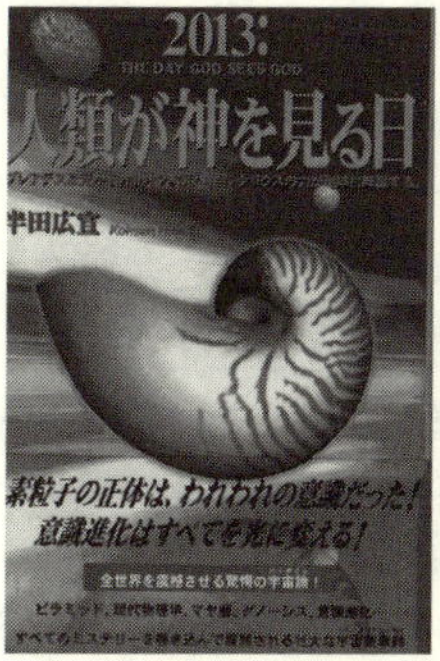

2013:人類が神を見る
徳間書店
半田広宣

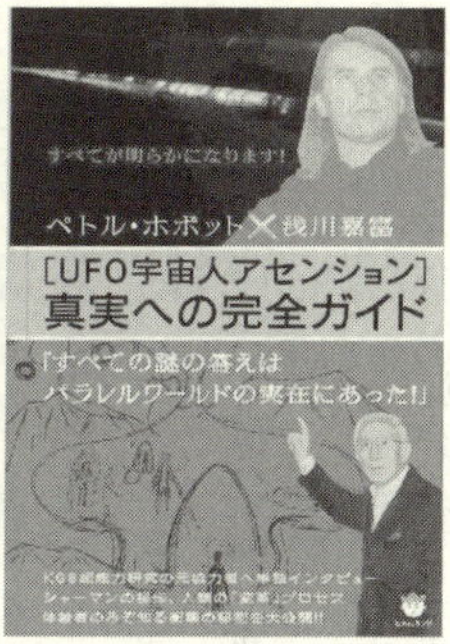

UFO宇宙人アセンション
真実への完全ガイド
ヒカルランド
浅川嘉富　ペトル・ホボット

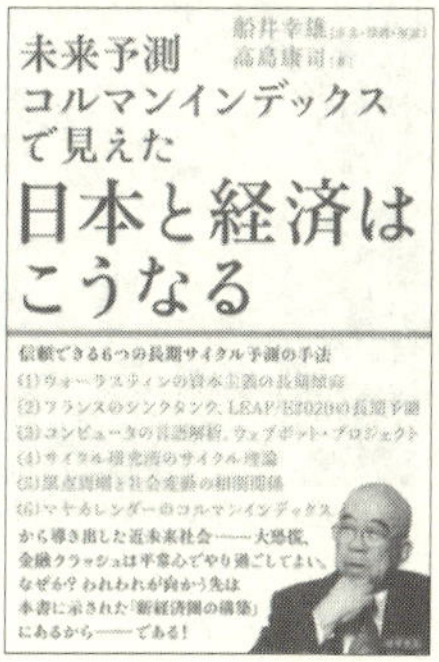

未来予測コルマンインデックスで見えた　日本と経済はこうなる　徳間書店
高島康司

アセンションの鍵
SUPERLOVEスーパーラブ
坂本 政道　ハート出版

人類と地球のアセンション
徳間書店
船井幸雄

スターピープル・フォー・アセンション
ナチュラルスピリット

(http://mujaki666.seesaa.net/index-7.html)

この記事は、2007年3月28日に書記したものである（夢蛇鬼）

渡邊延朗氏の宇宙の法則研究会発行のメルマガ【フォトン・ベルトレポート】第40号より

――2年程前に東京在住の知人のある女性が、次のような体験をしました。彼女は自宅で金魚鉢でめだか7匹を飼っていたのですが、ある日突然7匹全部が消えてしまったのです。飼い猫もおらず、自宅中を探しても7匹のめだかは見つかりませんでした。そこで思い余って知人の霊能のある方に相談したところ、「今回のめだかの件は、これから起きることを貴女に見せているのです」との回答だったと言います。

そこでさまざまな場所で、彼女の体験談をお話したところ、なんとわずか1ヵ月足らずで、20名以上の方々が自宅内で飼っていた、めだかや金魚が消えるという体験をされていることが分かったのです。

アセンションは、小動物から始まると言われています。小動物や植物にはカルマがなく、その分アセンションが早いのです。おそらくこれからは、ある種の動物や植物が絶滅したり存在が見えなくなった、と言うニュースが次々と発信される筈です。

そのようなニュースに接して皆さんは、決して悲観したりする必要はまったくありません。そのようなニュースはむしろ喜ばしいニュースなのです。最終段階では、間違いなくヒトが「神隠し」にあったように次々と消えていっている、というニュースが連日マスコミを賑わす様になる筈です――

アセンションは既に始まっているのだ。聖書にも、そのことを予言したと思われる記述がある。

「人の子が来るのは、ちょうどノアの日のようだからです。洪水前の日々は、ノアが箱舟にはいるその日まで、人々は、飲んだり、食べたり、娶ったり、嫁いだりしていました。そして、洪水が来てすべての物をさらってしまうまで、彼らはわからなかったのです。

人の子が来るのも、その通りです。その時、畑に二人いると、一人は取られ、一人は残されます。二人の女が臼を引いていると、一人は取られ、一人は残されます。だから、目を覚ましていなさい。あなた方は、自分の主がいつ来られるか知らないからです」

アセンションのクライマックスは、最後の審判で死んだ者が、天に引き上げられて復活するというものだが、ここに示されている空中携挙は、明らかに最後の審判前に起こる神隠し現象を予言したものである。

白峰聖鵬氏によれば、地球神「国常立尊」は、太陽神「天照大神」と月神「月読命」の合体神で、地球は日と月の影響を受けるという。これを「太日月地大神」と言い、「三千世界」とも言う。

10月10日は国常立尊の誕生日で、10月10日の意味は人間の受胎から誕生までの期間で38週。人間は月の周期による満ち潮で生まれ、引き潮で死ぬ。太陽系には9惑星があるが、陰陽の働きで2倍の『18』になり、これは呼吸の数で、地球も1分間に18回呼吸しているそうである。その18にも陰陽あり倍の「36」が体温で、その36にも陰陽あり倍の「72」が心拍数、その倍の「144」が最高血圧、その倍の「288」を数霊学での国体数霊「10の10」と説明されている。

10月10日の38週を分けると19（トコタチ＝国常立尊）と19（トヨクモ＝豊雲尊）の夫婦神になり、この「19」が生命の素数原理の数だという。

また白峰氏は、2012年のフォトンのアセンションは、シリウスの影響による太陽と月の大改革だと言っている。シリウスの影響で太陽フレアが増大して地球に送られているが、それを調整しているのが月で、地球の海水を支配しているのだという。この太陽、月、地球を「三千世界」と呼んでいる。

そして、平成20年（2008年）が一つの区切りとなり、その平成19年（2007年）に地球規模での人類大浄化があるだろうとしており、私の予測と一致している。白峰氏の弘観道では「2008」という数字が重要視されており（ゼロを取ると28）、「28」は月のリズムであり、不動明王の不動系数だという。

人体の五臓六腑の漢字は「月（にくづき）」が付いているが、2008年に月のエネルギーが変化し、人体の変容や環境の変化が起こり始めるという。その変化に順応できなければ、体調を悪くしたり、死んでしまう人も出てくると予想されている。

但し、これは悪い方に変わるのではなく、良い方に変わり、周波数が細かくなり、進化の方向性にいる人には良いが、そうでない人には苦しい現象だということだ。つまり、2008年頃から5次元世界にアセンションする人が出始め、行方不明とされる人が激増する可能性があるということだ。

終末予言は、西洋キリスト教文明のみの戯言ではない。西洋の予言は日本には関係ないと言う人がいるが、それは大間違いである。何故なら、聖書の預言者たちはセム族であり、我々日本人の祖先であるヤマト民族（イスラエル民族）なのだ。

そして、仏教や神道にも、聖書と同様の終末予言がある。天変地異などの終末現象から目を逸らし、世の中の明るい面だけを見てポジティブ・シンキングで生きようとするのは、ある意味において無責任であり、自己中な生き方だと言える。古今東西の宗教が、何の為に終末予言を語り継いできたのか。もっと言えば、預言発信源である神は、何故人類に終末預言を降ろしたのか。勿論、悪戯に恐怖を煽っているのではない。

白峰聖鵬氏は、予言についてこう語る。「古代の予言書や日月神示とは何なのか？　私は数霊の法則だと思っています。日月神示を一言で言うと『数霊のバイブル』だと思います。だからあらゆることが予言できて、あらゆることを降ろすことができるのです」

地震や洪水のニュースを観て、主に「恐怖する人」「無関心な人」「喜ぶ人」「憂う人」に分かれる。

まず「恐怖する人」は、その思いを勇気に変える必要がある。「無関心な人」については何も言葉がないが、高い次元で無関心であれば悟りの境地である。「目を背ける人」も無関心の部類に入るが、要は他人事なのだ。

「そうではない」という反論があるかも知れないが、なぜ無関心かと言うと、先に述べた通り、自己中心的なプラス思考だからだ。「喜ぶ人」というのは、予言通りに終末を迎えることを潜在的に期待している「聖書圏」の人たち、即ち「ユダヤ教徒」「キリスト教徒」「イスラム教徒」に多いようだ。

「悪き待つキは悪魔のキざぞ」（日月神示）

それに対して立ち上がるのが、「憂う人」ということになるだろう。それを狙ったのが「終末予言」だと、私は解釈している。

「王仁が出たのは、直の予言を合わさぬようにする為である。お筆先が当たってたまるか」（出口王仁三郎）

そもそも、何故、終末が訪れるのか。それは物質文明が生み出した副産物であり、宇宙進化の周期として、物質文明完成の為には避けて通れない試練なのだが、なるべくスムーズに進化できるように…という、人類を滅させない為の「警告」なのだ。

白峰氏はこのように言っている。

「スマトラの地震、新潟地震、アメリカの大洪水などの異変が起きているでしょう。それをテレビなどで見られるでしょう。それなのに、何も変化していないと思う方がおかしいでしょう。対岸の火事ではなく、自分の問題として捉えてほしいということです」

まず、世界中で起こる天災や戦争などは、あなたにも私にも無関係ではない。もう一つ、「無知」ということが挙げられる。勿論、無知な場合は仕方ないが、時空はそう判断しないだろう。時空には、人間の常識など通用しないと思った方が良い。それこそ、霊的無知で仕方なく淘汰される可能性すらある。要は、他人事として受け取らないことである。


「世界がそなたに映っているのぞ。世界見て己の心早う改心致されよ」(日月神示)

アリオンのメッセージをもう一度見て頂きたい。

「鬼は人を揺さぶる、揺さぶり続ける…これでいいのか? 本当か? と」

「人の失敗は人の手によって修復してほしい。私たち神霊族が修復するわけにはいかない」

「我々は、あなた方を恐怖させようとしているのではない。あなた方のほうが地球を含む、この太陽系を恐怖させているのだ。あなた方が地球存続の方向への強い意志を持ち、ひとりひとりが出来ることをしようと努力することが、地球を救う道だ」

「終わりは始まりに似ている。始まりは終わりに似ている。しかし、この時に始まるのは、終わりではない。あなた方の意識が、何も終わらせようとしない時、世界は始まることを止めるだろう。この世界が始まることを止めてしまったら、それは先ずツチである基盤に影響するだろう。大地は振動し、水が枯れたり、多すぎたり、植物は異常発生を繰り返し、豊穣であるべきところは枯渇する。終わるものは、終わらせねばならない。人工的な技量だけで支えられるものではない」


つまり、天変地異は人間の意識の滞りが原因だという。

「日本の若者の意識レベルの低下は、その上昇より大きい。地下高騰の煽りを食らった小規模商店の移転が相次いだ町の、地域活動は虫の息。地域活動の絶えた町では我関せずの自分中心の人が、困っている人をみようともしなくなって来ている」

「一瞬一瞬を精一杯生きることを目指して欲しい。あなた方に出来ることは沢山あるのだ。まず、あなたから今までの考え方や生き方を検討してみてほしい」


白峰氏は言う。

「宇宙の中心である地球、人類の代表である地球人の在り方、五色人の代表である日本人の在り方が大事なのです」

「備えあれば憂いなしです。どこに災害が来てもいいように、常に心がけていて下さい。ただし、最後は誰であっても死ぬのです。そしてそれは、霊的な救いなんですよ。2012年にアセンションが来なくても、あっても無くてもいつかは死ぬのです。裕次郎だって、美空ひばりだって、総理大臣だって、天皇陛下だって、亡くなっているのです。

我々だけが助かるなんてことはありえないのです。なぜかというと、我々は物質宇宙に住んでいるからです。これが解らないと、肉体の次元に囚われてしまいます」

鹿児島UFO暴露……政府・自治体の推奨（？）子宮頚ガン予防ワクチン運動も、インターネットで、よく調べてみて下さいね（沢山の反対意見があります）。医者も政府も知らない製造過程で、アジュバンド（免疫賦活剤または免疫増強剤）というペットの去勢避妊薬として開発されたものが入っているという情報があります（暗躍の人口削減計画）。一斉にマスコミが連動するときは何かあるな？　と思って下さい。このワクチンを打ったあと妊娠した人がいるか？　正常に生んだ人がいるか？　と医者に聞くと、その目が点になります。要調査です！

Q34　アセンション・時元上昇を現実化する方法は？

A

①時間軸・自然・太陽と月の変化を共有する。（認める・理解する）

②自己改革とこの世でブロックされてきた真実を知る。（自分の中の変化に気づいているか？）

③食生活・生活習慣を変える。（食は命・神性&霊性も食から！）

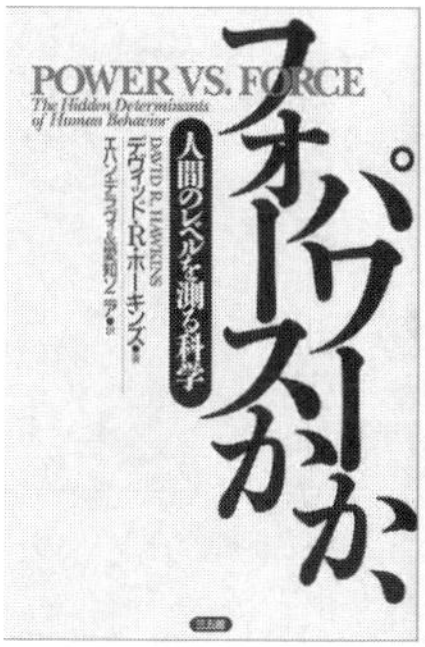

パワーかフォースか
三五館
エハン・デラヴィ

宇宙一切を救うアセンション・プロセス　徳間書店
エハン・デラヴィ　榎木孝明

キリストとテンプル騎士団
明窓出版
エハン・デラヴィ

人類が変容する日
明窓出版
エハン・デラヴィ

④ものの価値観や人間関係を変える。（波動・共鳴原理・類は友を呼ぶ）

⑤潜在意識のブロックをとる。

⑥宇宙意識に至る。

⑦共通意識に働きかける。

⑧共通無意識に働き

かける。

超ファイナルアンサー　2012年　コアな12日間　あなたはどんな反応をしますか？

2012年の前後、あなたはどんな反応をするでしょう？　光の極大ゾーン「特別な12日間」に入り、植物・動物・電化製品・人間自身・音・声など、全てが光を発しはじめます。その時の私たちは、大別して「3種の反応」をするようです。（「新・光の12日間」〈徳間書店　ゲリー・ボーネル〉より）

（1）のパターン……アセンションの情報を前もって勉強をしていて、準備がなされ、葛藤がほとんどなくなっており、大変化の状況に恐れがなく、すべてをプラスに受け取れて、内在する自己の魂に目覚めつつある人の反応。

それ以前に、すでに覚醒していた人々と同じように、すべての「オーラ」がはっきり見えるようになり、意識も気分も軽く、至福の感動を味わいます。それ以後、もう、眠る必要もなくなり、意識はずっと覚醒の状態になります。

食べることも段々と不要になり、水程度の補給で、プラーナなど宇宙に遍満するエネルギーを使えるようになります。（分離から合一・ユニティに突入した状態……生と死・意識と無意識・夢と現実・男性性と女性性などを統合＝超えた状態）

創造主（内在する真我）との一体感・同一感に目覚め、その思考は、すぐに現実化し、その覚者のすべての行動は、新たな創造を生んでいきます（カルマや思い込みのサイクルを抜けて、本当に自由な道を歩み始める）。いわゆる、これが「アセンション成功組」です♪

（2）のパターン……アセンションへの予備知識などあまりなく、常識・道徳・既成宗教などの旧来価値観の枠内にあり、外在する神仏への依存心があったり、他者からの承認や賞賛などがないと、自己の存在価値を認められない人の反応（つまり一般的な人）。

いろんな物が光りだしたとき、訳がわからなくて不思議に思い興奮しますが、途中で気絶したり、寝てしまったりします。この方々は、アセション失敗組になりますが、数日後に、また目が覚めて、いったい何が起こったかまったくわかっていません。大勢の人々がコレに属していて、アセンションなんて、やっぱり無かった！　何も起こらなかった‼　と（2）のみんなが言い出して、テレビのニュースなどでも、世界的な気象の変化だった！　なんて報道されて、……本当に何事もなかったかのように、それまでの生活に戻ります。

実は、この状態、目覚めていない人々も、すでに、創造のサイクル（ユニティ・合一）にりっぱに入っているのですが、アセンションは無い！　今までと変わらない！　という状態を、今までの信念・価値感をとおして創造しているのです。

これは、ヘミシンクで言うところのフォーカス22—26（思い込みの世界）・幽界・不成仏と同じ意識状態なのです。自分たちの思い込みを現実化している。なんら変わらなかった！という信念を、現実化しているのです。

（2）の人々には、十年くらいかけて、（1）アセンション成功組の人々が、だんだんと教え導いてくれます。

ただし、（1）の覚醒できた人々の中に、（2）の人々をコントロール（支配・信者に）する人々が出てきます……。これが、いわゆる「偽キリスト・欺瞞」の状態です。本人たちは、その自覚がありません（救っていると思っています）支配・コントロールするのではなく、あくまで、（2）の人々が主体性をもって覚醒するのを、押し付けることなく手助けすべきなのです。

（3）のパターン……攻撃性・葛藤・罪の意識などが強くて、心身が耐えられなくなる人。ひどい場合は死亡します（これは少ない）。本書を読んでいる方にはいないです（笑）。

「覚醒」とは、まったく怖れるようなことではなく、本当は、テクニックもあまり要らないようです。とにかく信念体系を手放し、原初から変わらない魂意識（神の雛形・内在自己神）と、今までいろんな経験を積んで進化つづけてきた身体の魂意識とが、分離から統合へ移行するとアセンションだそうです。

自らが、全ての過去世や自分自身を解っている状態になることでもあるようです。釈迦やキリストのレベルにひき上がる、人類創生以来の一大チャンスなのです!! さあ、私たちは（1）を目指して、怖れ・不安・葛藤・トラウマを取り除き、意識や波動を高めて、また信念体系をドンドン壊していって、脱力し、余計な力を抜いていきましょう♪ 覚醒・アセンションの道は近いです。

ゲリー・ボーネル氏のＨＰ　ゲリー・ボーネルジャパン　http://www.garybonnell.jp/

前世リーディングの第１人者。「アトランティスの叡智とパワー」を伝承するが、古代ヨーガの奥義を究め真言密教の域を超えている！　アセンションについての言及は、具体的＆明確なので、著作・ビデオ・ＤＶＤは、要チェックです。

鹿児島ＵＦＯは、前世と未来をリーディングして頂きました。比較的小柄な方ですが、握手すると野球グローブのように分厚い手です（笑）。スゴイ金運と慈愛を表していると思います。

Q35　近代科学による宇宙観は、ビッグバンから始まり、宇宙ができて、その過程で地球が生まれたという考え方をしています。白峰先生の宇宙観は、「地球が1番最初」という驚くべき説ですが、その宇宙の歴史を教えて下さい（きっと現代科学の方が、後から追い付いてきますね……笑）。

A

（紀元前）
81兆年　水玉（ロゴス）地球の原点が誕生
3000億年　地球と宇宙の創造
220億年　銀河生命核の創造期
150億年　ビッグバン・生命創造（天の川銀河創生）
46億年　地球生命。初期化
5億年　太陽系に外宇宙から入植
650万年　宇宙人が地球に入植（サナトクラマ伝説）
20万年　アトランティス終了
2万6千年　太陽系周期（レムリア全盛期）

1万5千年　地球文明の始まり（エジプト）
6000年　シュメール文明

（紀元後）
2000年　キリスト誕生
2012年　マヤ暦の終了・アセンション開始
2016年　水瓶座（アクエリアス）周期
2020年　ミロクの世と宇宙・［地球維新完了］

（註）2015年9月のエジプトファラオ伝承「大洪水説」は、2016年、水瓶座の暗号とレムリア大陸浮上の始まりか？

世間の人が知っている情報は、本当の真実の20％ぐらい。

円盤も、宇宙人も地底人も妖怪も未亡人もいる（笑）。

アセンション・時元上昇は、事実である!!

書籍紹介「マヤ暦が終わるのは、2011年10月28日だった」（ヴォイス　カール・コールマ

ン著　小原大典監　白川貴子訳）

内容（以下、アマゾンより）

衝撃の書、ついに登場!!　マヤ暦の書籍は今まで、ホゼ・アグエイアスの書籍が有名で、かつてヴォイスでも出版していた。しかし、ホゼのマヤ暦は「彼のバージョン」であることは否めない。

　コールマン博士は、スウェーデンの医師で、深くマヤ暦を研究している研究者だ。博士は、伝統的で歴史的なマヤ暦（いわば本当のマヤ暦）を研究しており、マスコミが喧伝する「マヤ暦が終わるのは２０１２年12月21日」（多い論は、世界がこのタイミングで破滅する、あるいは

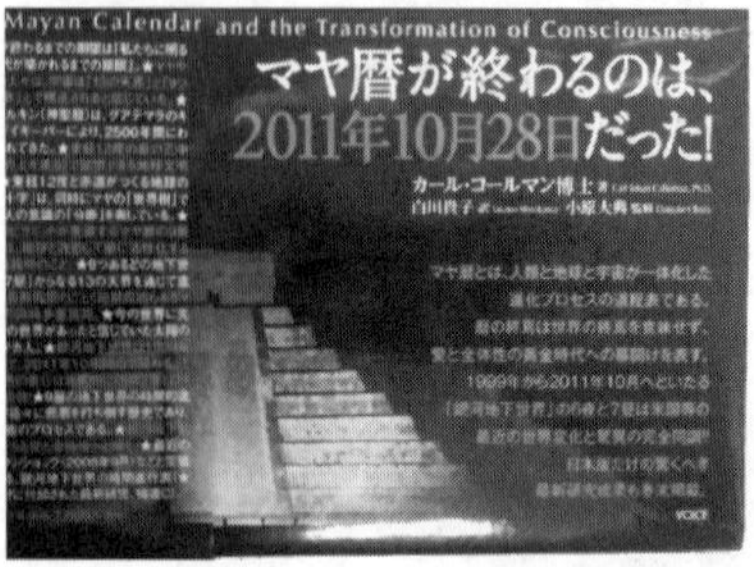

破滅的な災害等が発生する）という説はまったく間違いであることを発見。

　書籍や講演を通じて、２０１２年とするマヤ暦の終わりの時期を信じることの危険性に言及しています。

（その間違いには、なにか意図的なものがあるとする意見も）。

伝統的マヤ暦の終わる日は「２０１１年10月28日」約10カ月ほど早まる、というか元々その日付だった。

　この本では、その暦のシステム解説はもちろん、私たちの意識がこ

のマヤ暦の進行（終了）によってどのように誘導されるのか（博士の論は非常にポジティブ）を語った書。

一番面白いのはThe Galactic Underworldと呼ばれる考え方で、「6nights 7days」と言われるシステムだ。これは時間軸では数百年単位でも、数カ月単位でも当てはまるもので、それによると現在からみて次の切り替わりポイントは「２００９年11月7日」、ここから最後の6番目の「夜」に入る。

この進行は世界経済、特に米国発の金融危機の進行とまったく同期しているのが特に興味深い!! 日本語版用にアップデートされた情報も収録。

著者について〈カール・コールマン博士〉
１９５０年5月15日スウェーデン、ストックホルム生まれ。
医学博士。「マヤ暦」を独自の視点と見解で分析し、２００４年頃にはすでに「２００７年11月頃に経済的な大波乱が起きる（＝基軸通貨としてのドルを崩壊させる大きな事件が発生する）」と警告する。そして２００８年11月以降にはドルの崩壊が本格化すると警告していた。
今、最も注目される科学者のひとり。今日までに20数カ国を訪問し、マヤ暦の真実についての講演を行っている。

Q36 岡本天明氏の日月神示に「日本を足場として、最後の大掃除」という言葉がありますが、どういう意味でしょうか？

ひふみ新世紀
コスモテン
岡本天明

2012年と日月神示
徳間書店
岡田光興

日月神示完全ガイド
ナビゲーション
徳間書店　中矢伸一

A　マヤ暦は、月の数霊のメッセージ。日本でも「日月神示」として、２０１２年問題が問われている。

太陽系の大変化！　すなわち、太陽と月の生命磁場の大変化を表わしています。

日本人は、五色人のうち、黄色人種ですが、日本の役割・天命に目覚めた時に、他国に先駆けて「黄金人種」に変わり、世界へ共鳴して、世界の人々をも、黄金民族に変えます。

五色人とは？（五色祭・熊本幣立神宮の由緒より）太古の神々（人類の大先祖）は、大自然の生命と調和する聖地としてここに集い、天地・万物の和合をなす生命の源として、祈りの基を定められた。この歴史を物語る伝統が「五色神祭」である。

この祭りは、地球全人類の各々祖神（大先祖）（赤、白、黄、黒、青〈緑〉人）がここに集い、御霊の和合をはかる儀式を行ったという伝承に基づく、魂の目覚めの聖なる儀式である。これは、五大人種が互いに認め合い助け合う和合の世界、世界平和のユートピア建設の宇宙的宿願の啓示である。

幣立神宮の古代的真実、宇宙的理想の実現こそ、今日の全地球的願望である。

この願いを実現する古代的真実の復元が、これからの人類文明への厳粛なるメッセージである。五色神祭は、八月二十三日に行われる。五年毎に大祭、その間四年は、小祭である。

「黄金人類・ゴールデンフォトノイド」とは

世界の雛形たる日本。その日本人が覚醒し、世界人類の代表として大進化し、そのエネルギーが空間を超えて、地球人類（五色人）すべてが、黄金色のオーラの輝きを発する神人類への大変化をもたらし、大変化をとげた人々を、総じて「ゴールデンフォトノイド」と呼ぶ。

異星文明の巨大証拠群
徳間書店　コンノケンイチ

ナチスとNASAの超科学
徳間書店　ジム・キース

NASAアポロ計画の巨大真相
徳間書店　コンノケンイチ

Q37　月には、特別な働きがありますか？

A　生物・人間・すべてを育成する働きがあります。太陽エネルギー・地球の海水・人間の体内・生命磁場を調整するコンピューターシステム・物質変換装置です。220億年前、150億年前、1万5千年前の3回、月のエーテル体から、水を地球に降ろしています（転送されました）。

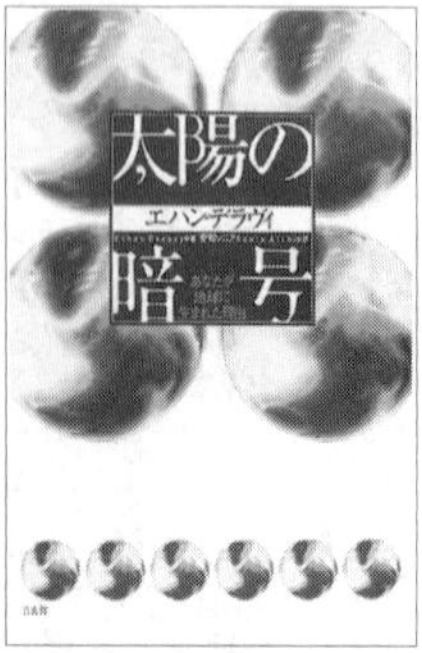

太陽の暗号
三五館　エハン・デラヴィ

宇宙人&2012超入門
徳間書店
エハン・デラヴィ

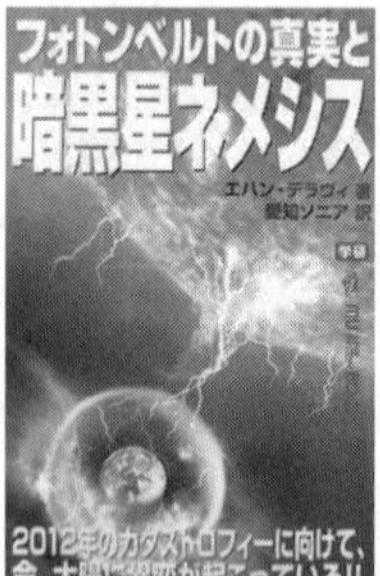

フォトンベルトの真実と
暗黒星ネメシス
学習研究社
エハン・デラヴィ

Q38　太陽には、特別な働きがありますか？

A　地球そのものを浄化する作用があります。
今後、太陽の変化によって、地球も次元上昇します。

太陽と月が、古代信仰の要でした（偶像崇拝や人物崇拝にあらず）。

私たちは、この恵みによって、気固まりして地球で生かされています。

（原点への回帰・日・月・地への感謝）


是非見て頂きたい映画の紹介です！（白峰先生より）

「ノウイング」。まるで、ゲリー・ボーネル氏の本のタイトルのようなタイトルですが（笑）、実際、企画段階で、ゲリー氏のアドバイスも入っています！

2時間10分の映画、前半はジミめな展開で、アクションというよりサスペンス&ミステリータッチな感じです。

しかし後半、一気に盛り上がります。とくに、最後に出てくるUFOと宇宙存在は……、C

Gがとても美しく精巧です。

この映画での宇宙存在の表現は、私たち自身が高次存在になったとき、あるいは、本来の体はこのような「光体」であろう！　という見事な映像です!!

フォトンベルト・太陽フレアを示唆した映画で、超太陽フレアの引きがねが、プレアデス星団の大爆発であるとしています。アセンション2012年問題を知った上で、制作された映画です。


2012年を大きく示唆している映画、ニコラスケイジ主演の「ノウイング」。

本当に最後の瞬間が来た時、はたして貴方は、私は、うろたえるでしょうか？

気高く「凛」としていられるでしょうか??

最後の最後のシーンは、魂の根源に迫まってきます!!

まさに地球は、宇宙存在より我らが放牧されたオッケー牧場でした。

滅びるもよし？　次期サイクルに上るもよし！　7回目のトライ。我らは成功できますように！！！

見逃せない超オススメの、分かる人には分かる映画です（笑）。

Q39「ソリトン鍵」とは？
（2枚の写真は、月裏側の建造物です！）

A「ソリトン鍵」はDNAの転換コードであり、月の裏側に存在する人間の「3次元維持システム」です。
地球の生命磁場・海水の生命情報・人間のDNAを封印しています。
2012年から2016年にかけて、この鍵が解除されます。

「ソリトンの鍵・月と人類操作の歴史」

以下は、白峰由鵬先生のリーディングです

220億年前に創造された人工衛星としての「月」、そして太陽系生命進化システムとは？

はるか銀河のかなたから「宇宙連合の大使」として、2
50万年前、このゾル太陽系第3惑星「地球」（テラ）へ、
オリオン系シリウス星の長老「アルス・ゼータ」がやって
来た。

彼らの目的は、たたひとつ。

宇宙戦争
明窓出版
光悠白峰

「宇宙連合と銀河連盟の間で行われている、プレアデス星人による地球人類への「DNA操作」の体現化としての「アトランティス文明」の調査である。

長年に亘る調査を終了し、オリオン星座シリウス系B3アクシス星へ帰ろうとした「アルス・ゼータ」は、自らの星が、空間磁場の変化により大爆発を起こし、アストロイドベルトとなったことを知る。

一部宇宙船によって避難したアクシス星人は、その後「ゼータ・レティクル星」へ移住したが、さらなる進化と安住を求め、ゾル太陽系第3惑星「地球」（テラ）へと入植を始めた。

「宇宙連合」は、再び「アルス・ゼータ」に地球調査を命じた。彼は自らの種族を地球で同化させるために、「プレアデス星人」の遺伝子科学を応用したが、失敗に終わった。それは、のちに「グレイ」と呼ばれることとなる。

そこで……、この地球上での全ての生命情報と生命波動を管理する大型母船「ソリトン」を月の裏に置き、「アトランティス」の一部の賢者と共同で、すべての宇宙生命体が、地球で生活できる環境を創造することについて研究した。

生命磁場の安定を図るために、「ソリトン」と同型の「水晶アクシス」をアトランティスの科学者に預けたが……、操作を誤り「アトランティス」は海の底に沈み……（この種の情報を受け入れ可能な方は、その末裔であろう！）。

『ソリトンの鍵』は、地底に生活する「グレイ」の手に渡った。グレイは「ソリトン」の技術を利用し、一部のレプティリアン（爬虫類人）と共に「シュメール文明」を発端に、「人類のコントロール」を始めた。

２０１２年、その『ソリトンの鍵』封印が解かれ、月のコントロールが終わります。新しい「自由と創造」の地球が始まります。

Q40　アトランティスは、なぜ沈んだのでしょうか？

A　アトランティスは、実は、天空の城ラピュタのように、地上のクリスタル装置の上に浮かんだ多次元空間でした。
月の生命磁場をいじり過ぎ、物質化もやりすぎて、沈んでしまいました。
今後プレディアス周期が終わって、シリウス文明がやってきます。

「最新型のUFO写真を大公開します！」

先週、スピリチュアル系の人達が楽しく集まれるおしゃべりサロンの「セントラルサン」に立ち寄りましたら、UFOがハッキリ写った写真を持っておられる方がいました。プリント版でしたが、写メを撮らせて頂きました。東北地方で撮影したそうです。半透明でキレイですね～。
UFOの形状も質感も、時代と共に変化&進化していますね！
江戸時代の記録に残っているのは、オカマ型（笑）。近代は、私が、

アトランティスの仮想世界史
青春出版社　荒巻義雄

レムリアの叡智
太陽出版　オレリア・ルイーズ・ジョーンズ

富士山麓、朝霧高原で密教修行中に、二機遭遇したアダムスキー型（窓まで見えていた）などの典型的な金属型や、あるいは雲に隠れたＵＦＯとか？？

そして現在～未来型は、「ノウイング」に出たＵＦＯやマオリッツオ・カヴァーロさんのクラリオン星の「半透明のＵＦＯ」が出始めていますが……。

ＵＦＯは、地球外の惑星からという固定観念も、もう捨てるべき時期かもしれませんね。

金属的なＵＦＯは地球製で、それ以外は違う世界や次元・時空から来ているものが多く、時代の変遷と共に、我々人間が連想・理解できる範囲のカタチで変幻自在にＵＦＯは現れていて、ついに半透明型などになってきました。

本当は、ＵＦＯという乗り物の型だけではなくて「意識体そのもの」というカタチもありそうですが……（神様？　高次元存在？　あるいはエネルギー体？　など）。

いろんな変化身《へんげしん》・応身《おうじん》としての表現体であって、いずれは、生物型・曼荼羅型・幾何学型なども、出現が始まるでしょう……（笑）。人間意識の進化で、ＵＦＯも変わっていきます！

天地大神祭
今日の話題社
深田剛史

臨界点
今日の話題社
深田剛史

日之本開闢
今日の話題社
深田剛史

数霊
たま出版
深田剛史

数霊に秘められた
宇宙の叡智
徳間書店
深田剛史

数霊《かずたま》について。

古神道において言霊《ことだま》の数を表し、人物・事象・森羅万象の本質を解釈するもので、神々の働きや本質も表現されています。西洋占星術・カバラ・中国易経・気学九星・マヤ暦など、世界の運命学・占星術の源流であると思われます。

マヤ暦のファンの方も増えていますが、易経・気学・数霊・カタカムナなども学ぶと、民族性や表現の違いこそあれ、中身は共通点が多いことが分かります。日本は世界の雛形《ひながた》、この数霊という日本の太古からの叡智を学ぶことも、アセンション・覚醒への重要なファクターとなります。

深田剛史氏の著作は、主に今日の話題社から出版されていて、小説形式ではありますが、その内容は、封印されてきた日本神界のたくさんの事柄や神々の秘密・エジプト文明と神々とのつながり等、時折ユーモアも交えながら、難解になりがちな日本と世界の神界諸相を、分かりやす伝えています。

白峰先生の特命にて、深田氏を鹿児島講演に招聘申し上げました。白峰先生と深田氏の共通点は、女性ファンがとても多いということです。……ということは、今後、ますますブレイクしますね♪

Q41　何が人間のDNAを変容させますか？

生命の暗号
サンマーク出版
村上和雄

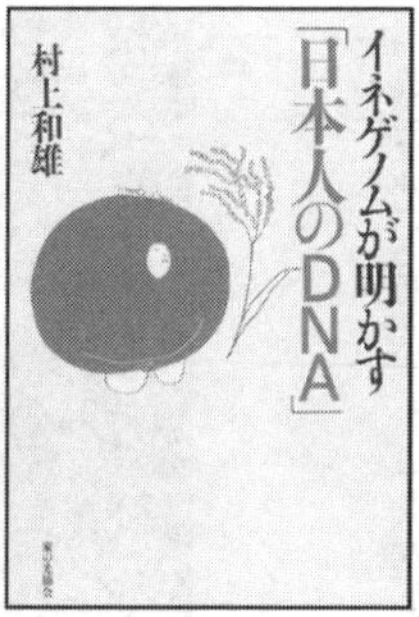

イネゲノムが明かす「日本人のDNA」
家の光協会　村上和雄

A

①月……月の変化が、海を変化させます。

②海……海の変化が雨水の変化となり、人間が水道水を飲み、生命情報・生命磁場を変容させて、人間自体も変わります。

③水……水瓶座の時代になり、すべての封印が解かれます（２０１２年から、２０１６年）。

④ハートチャクラ……人間の意識の解放。宇宙意識と同調

すると、ハートチャクラが開きます。このチャクラは、5次元の周波数管理をします。地球・自然・宇宙・すべてと調和します。

アセンションするDNA
ナチュラル・スピリット
ヴァージニア・エッセン

クラリオン星人コンタクティが体験したアセンション[量子転換]のすべて
ヒカルランド
マオリッツオ・カヴァーロ

民主党へ贈る！「六然訓」とは？（数学相長）

勝海舟や安岡正篤が座右の銘とした「六然訓」について。

・自處《じしょ》超然　自ら処すること超然《ちょうぜん》　事に臨んで、自分に関する問題には一切とらわれない。
・處人藹然《しょじんあいぜん》　人に処すること藹然《あいぜん》　人に接するときには春風に霞がかかっているような、のんびりとした雰囲気でいること。

・有事斬然《ゆうじざんぜん》　有事のときには斬然《ざんぜん》　何か問題があるときには、きびきびと取り組む。
・無事澄然《ぶじちょうぜん》　無事のときには澄然《ちょうぜん》　何も問題がないときには、水のように澄み切っている。
・得意澹然《とくいたんぜん》　得意のときには澹然《たんぜん》　得意のときには、あっさりしている謙虚な気持ち。（調子のよいときは、傲慢になってしまいがち）
・失意泰然　失意のときには泰然《たいぜん》失意のときには、ゆったりと構えている。（菜っ葉に塩をかけたように、くしゅんとならないように）

安岡正篤

勝海舟

崔後渠《さいこうきょ》は、劉瑾《りゅうきん》という非道役人を諌《いさ》めたのが原因で、投獄されていました。
その時「六然訓」を発したそうです！
安岡正篤が、「私は、この『六然訓』を知って以来、少しでもそういう境地に身心を置きたいものと考えて、それとなく心がけてきた。実によい言葉で、まことに平明、しかも、われわれの日常生活に即して活きている」と言ったそうです！

Q42　人間の覚醒（DNA解除）は、どのようなプロセスを踏みますか？

A

①光合成のように、エネルギーを作れるようになる。
（少食になる・疲れにくくなる・あまり寝なくてよくなる）

②もう1人の自分に気付き始める。
胸の中や体の中から、声が響いてくる。
鹿児島UFO談……先般、麻賀多神社参拝時に、体内から声が響いて驚きました。

③体外離脱ができるようになる。

④太陽や月が、まったく違って見えるようになる。
（太陽は7色の光線・中に十字のマーク）
（月は、マルチョンマーク、その周りにオーラのような輪郭が見える）

⑤食べる必要も、寝る必要もなくなる。
性的機能が止まる。エーテル波が発達する。

必見明快一覧表！「意識レベルと輪廻転生とアセンション」

以前は、ヘミシンクには、あまり興味が無かったのですが……（キリスト教・真言密教、仏教、神道などからすると、邪道だ！ という先入観がありました）。しかし、埼玉の盟友「こうくんさん」、そして、沖縄の新星「前里光秀さん」にお会いして、その覚醒度の素晴らしさに実際に触れて、偏見も大きく氷解しました。

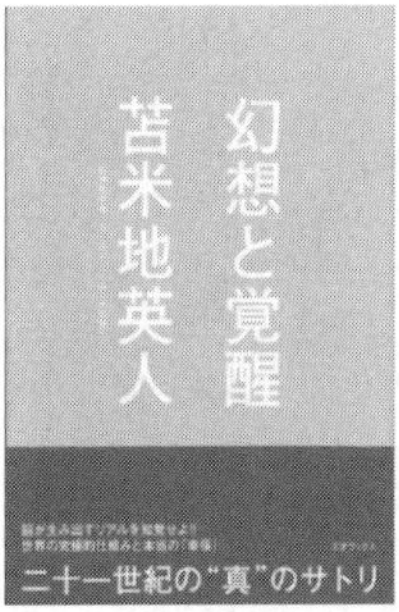

幻想と覚醒
三才ブックス
苫米地英人

Star People
ナチュラル・スピリット

一覧表にあるとおり、ヘミシンクによる意識レベル（フォーカス）の定義は、細かいことは別にすると、いわゆる霊界・神仏界の階層定義と、見事に相似形をなしていました！ しかも、机上の空論ではなく、ヘミシンクでの覚者達が、生きたまま見

て体験してきた世界なのです。

ヘミシンクの良いところは、精神世界や心的な内宇宙を、客観視できるところだと思います。様々な民族性・宗教・宗旨宗派の色メガネ（フィルター）を通さないで、客観的に本質を見ることのできるツールです。

とくに宗教を持たない人に対しても、魂の階梯を示して、導いていくツールであると同時に、何か宗教を信じている人にも、宗旨宗派に埋没するのを防いで客観性をもたらす効用があります。

とどのつまり、教育・倫理・道徳・キリスト教・仏教・ジャイナ教・イスラム教・ヒンズー教・神道・宇宙存在など……、なにがしかの自分の価値観（フィルター）をとおして、私たちは、考え・意識をしているのですから……。


この一覧表の状態を、自分の宗教や価値観で、いろんな角度から見ているにすぎないということになりませんか？　ヘミシンクは、そのフィルターをハズシタ見解ですよね。この本質を、全宗教が理解できれば、宗教紛争は無くなると思います。

偶像崇拝が無くなり、外在神＝内在神＝人間になっていきます。

アセンションとは「輪廻転生の輪を脱却する」ことでもあり、シャカのニルバーナ（涅槃）

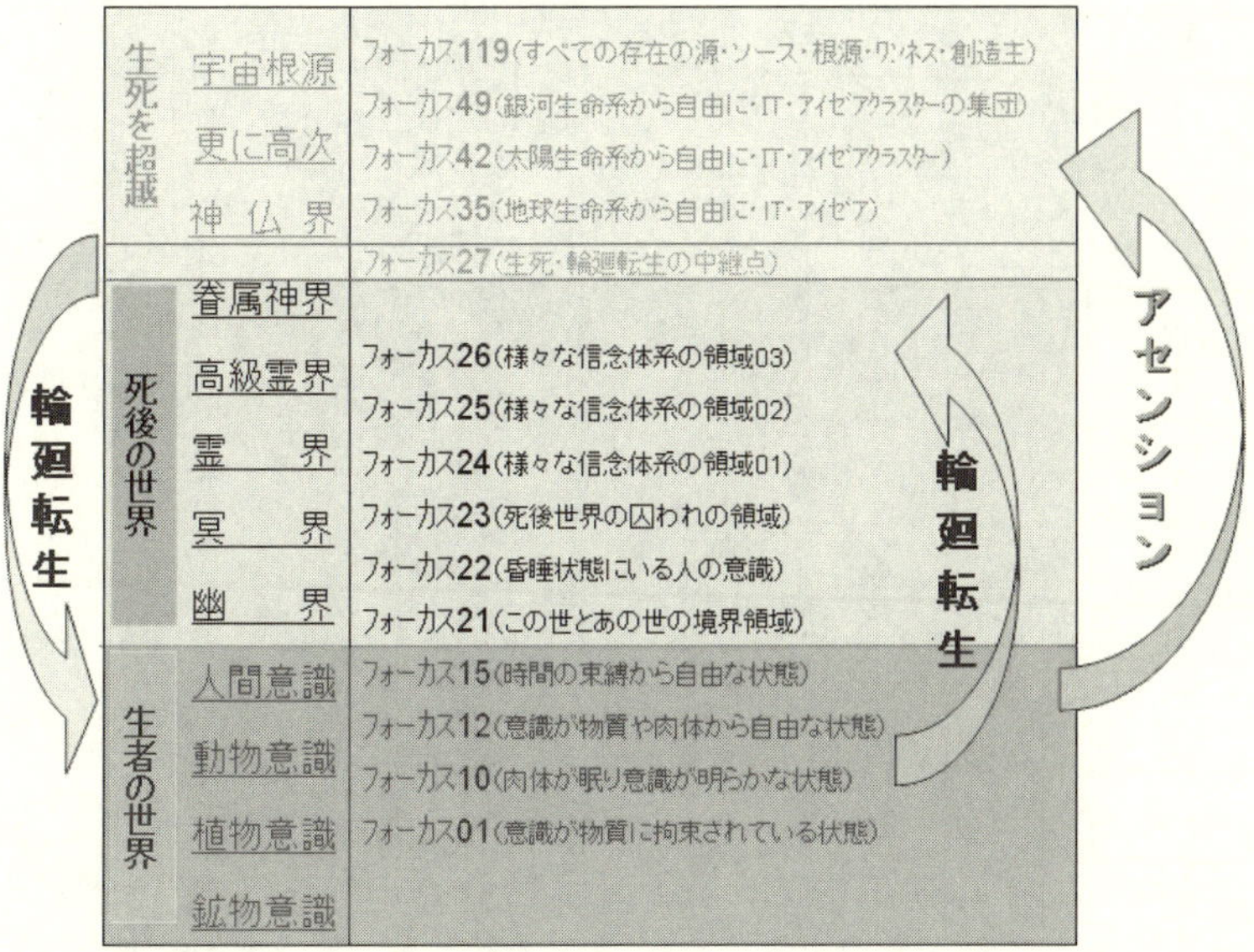

生死を超越
宇宙根源
更に高次
神仏界
フォーカス119（すべての存在の源・ソース・根源・ワンネス・創造主）
フォーカス49（銀河生命系から自由に・IT・アイゼアクラスターの集団）
フォーカス42（太陽生命系から自由に・IT・アイゼアクラスター）
フォーカス35（地球生命系から自由に・IT・アイゼア）
フォーカス27（生死・輪廻転生の中継点）
死後の世界
眷属神界
高級霊界
霊界
冥界
幽界
フォーカス26（様々な信念体系の領域03）
フォーカス25（様々な信念体系の領域02）
フォーカス24（様々な信念体系の領域01）
フォーカス23（死後世界の囚われの領域）
フォーカス22（昏睡状態にいる人の意識）
フォーカス21（この世とあの世の境界領域）
生者の世界
人間意識
動物意識
植物意識
鉱物意識
フォーカス15（時間の束縛から自由な状態）
フォーカス12（意識が物質や肉体から自由な状態）
フォーカス10（肉体が眠り意識が明らかな状態）
フォーカス01（意識が物質に拘束されている状態）
輪廻転生
輪廻転生
アセンション

と同一の境涯なのです。

今まで、歴史上の聖人にしか成しえなかった超難行を、ソースの恩寵により2012年～2016年、私たちは比較的に平易に目指していけるのです♪

Q43　民族紛争や宗教的な対立をこの世からなくさないと、本当の平和は訪れないと思いますが……

A　原始キリスト教は、実は、古神道なのです。古神道は、縄文アニミズム・汎用神・自然崇拝・エレメント信仰（地・水・火・風・空）なんです！

戦争だ、テロだ、何教だ……民族の壁・宗教の壁・価値観の壁を越えて行かねばなりません。人類創生の秘密・本当の地球の歴史・宇宙と地底の秘密が分かり、地球全体・宇宙の雛形として、人間をやっているのだということを分かったとき、私たちは、超エリートなのです。

国や民族を超えた存在に気付いた時、狭い地球内の争いは、嘘のように消えます。今、この本を、読むことができる皆様は、53000年前に志願して、この時期、日本に生まれているのです。

たとえお金がない、仕事がない、彼女もいない、家庭も学校も会社もおもしろくない。無い無い尽くしの三無い（山内）丸山遺跡でも（笑）、最後は自分自身が、「神」に至るのです！

アメリカと中国が仲良くなっても、イスラエル問題が片付いても、通貨・食糧・環境・エネルギーの問題がすべてが解決しても、最後は、宗教と民族

ダライ・ラマ自伝
文藝春秋
ダライ・ラマ

ダライ・ラマ瞑想入門
春秋社　ダライ・ラマ14世
テンジン・ギャツォ

ダライ・ラマ平和を語る
人文書院
ルイーゼ・リンザー

問題が残ります。地球維新は、一滴の血も流す必要がない「無血開城」なのです。神・仏・宇宙人、3者が統合され、まとまるときすべてがまとまります。

鹿児島UFO談……ヘミシンクのような客観性を持った精神科学の普及も、民族・宗教の対立を乗り越えるためのファクターになると思っています)

映画「アバター」 スピリチュアル的な大きな意味

まず、3Dということで、眼が疲れないか？ という懸念についてですが、昔見た3D鮫映画、「ジョーズ」よりは格段と疲れません。時々は疲れて3Dメガネをハズしましたが、立体感は消えても肉眼でも分かりますので大丈夫です！

CG映像はサスガに美しいです！ 2012年とアバター、CG・FVX（SFX）はコンピュータ&ソフトの目覚ましい進歩の恩恵をさらに大きく受けています。

さてさて中身なのですが……、3時間近くある長い映画でしたが、あと30分位は編集で短くして、もう少しテンポがあってもいいかもですね。おそらく、美しいCGをたっぷり堪能してほしいということでしょう。

肝心の内容について。この映画は「征服型の欧米民族と調和型のネイティブ・アメリカン（インディアン）」との戦いが原型にありました！　もっと深く読むと「渡来系VS先住民」「アトランティスVSレムリア」「天津神VS国津神」「源氏VS平氏」など、2極対立の構造を連綿と続けてきた人類の歴史を物語っています！

アバターの先住民は身長5〜8メートル?!　ピラミッドやマチュピチュを作った巨人族や、身長が高いテロス・シャンバラ（地底世界）の人々を意識しているような感もあります！（右の写真参照。時々巨人族のいた痕跡も発掘されるのですが……権力筋にモミ消されます）日本にもかなりオーパーツ的な遺跡もあるようですが、分かった時点で上より中止勧告が出て埋め戻されるそうです！

また、先住民がドラゴンに乗って自在に飛行する光景は、レムリア時代の我々の姿を思い出して大粒の涙が出ましたが、3Dサングラスをしていましたから大丈夫でした（笑）。

そしてこの映画には、ネイティブ・アメリカンの呪縛解放の意味も大きくあります！　白人達は、自然と一体となって暮らしていたインディアンの土地へ踏み込み、土地収奪と文化の破壊を行いました。まさに「白人騎兵隊VSインディアン」でした！

そこには、先住民＝未開・無知・無学だから征服支配してよい！　という白人側の驕《おご》りが見えます！

しかしこの映画で分かるように、電化製品も無い、銃も無い、毛皮の服を着て狩猟用の弓とヤリしか持たない先住民が、どれほど豊かな精神性と、文化と、「本来能力」を持っていることか!!

彼らの、自然と共存共栄して宇宙と一体となっている生き方！　対して、我々のエセ文明生活……。この映画で思い知らされます！

実は、ネイティブ・アメリカンの言葉には、日本語と同じ言葉が実に多く含まれていることをご存知でしたか？　その証明として、世界20数名のうち日本人で唯一の世界遺産選定委員、ペトログラフの世界的な権威である、吉田先生の訳された本を紹介しておきますね。

「古代アメリカ大陸は日本だった」（徳間書店　ドンRスミサナ著　吉田信啓訳）

ですから、インディアン解放の働きも大ありのこの映画……他人事ではないのですよ（笑）。

この映画で特に大切なことは、侵略側の地球兵士たちを背後で操る企業が目先の利益を得るために大自然を破壊し、先住民の文化や命はまったく無視していたことです。

利益追求が第一で方向修正ができず、破滅へ突き進む様子は今の人類の状態を見事に表現していました！（資本主義の限界を表現しています!!）

古代、アメリカは
日本だった！　徳間書店
ドン・R・スミサナ

あくまで戦う2極の対立構造をそろそろ止めるべき時代になりました！　この映画でも、2極対立を終結させる「第3極目」が登場しました。それこそ、ギリギリの「神一厘のワザ」だったのです！　いったいそれは何なのか？？？　映画でご確認下さい！

こんな視点でご覧になると、ほんとうによく出来た映画です。宇宙のリズムから外れて利益のみに突き進む人類に警鐘を与える映画「アバター」、是非ご覧下さいませ！

Q44　3次元（目先のこと）しか考えていない人が多いなかで、「地球維新」という大啓蒙活動は、なかなか困難な道のりだと思うのですが……？

A「明治維新」の時は、国民の84％が、その動きをまったく知らなかったのです。ごく少数のコアな人間で実現しました。

今回の地球維新には、14万4000人の共通意識から、共通の無意識に働きかける必要があります。


「意識の共有と共鳴作用による波動効果」

「百匹目のサル」そのキーマンは、日本人！

世界70億人・全人類の集合意識に、日本人の意識は41％も作用する力があります。

(天変地異の原因ともなる、日本人の集合意識にマイナスが蓄積しないことも大事！)


日本が変われば、世界が変わる、世界が変われば宇宙が変わる。

世界と宇宙と地底、真実を知り、選挙権を行使して、まともな政治家に投票する。

聖徳太子の「秘文」開封
徳間書店
飛鳥昭雄　山上智

未完の明治維新
筑摩書房
坂野潤治

そして日本人は、もっと覚醒すべきである。

地球維新リードの役割は、世界の盟主・日本しかない!!

2012年以降、地球維新の活動として、世界で活躍する人を「クリエイター」と呼びます。フリーターが、突然クリエイターになるかもしれません（笑）。

二十数年前ですが、朝日新聞などでしっかり報道された、UFO遭遇事件の紹介です！

1986年11月17日、パリ発アンカレッジ経由、東京行きJAL1628便、日本航空のボーイング747―246F貨物機が、アメリカ、アラスカ州のフェアバンクス上空の高度約1万メートルを飛行中に、両端にライトを点灯させた巨大な母船型UFOに遭遇した。

同機の寺内機長によると、UFOは巨大な球形で、1時間弱の間、旋回して逃れようとした同機と併走するように移動し、機内の気象レーダーにもはっきりと映ったが、なぜか雲のような半透明状のものとなっていたとのことである（金属製の物体なら赤く映るが、UFOの像はグリーンであった）。

マスコミの取材を受けた寺内機長は、その後、地上勤務に降格されました。

(正直な方が、そういう処遇をされるのは、残念!! 自衛隊も箝口令《かんこう》……同じですね)

UFO情報は、トンデモの情報ではなくて、理解出来ない人ほど、超国家的な大掛かりな「情報操作」にまんまと引っかかっている! ということなんですよ!

私は大型母船とアダムスキー型UFOを見ていますから、情報操作には引っ掛かりませんヨ! (でも数年前、嫁さんとおバアちゃんは、振込詐欺に引っ掛かりました(爆笑)。

そこで、皆さまへ宿題です。陰謀論・UFO・宇宙人・古代文明などの情報は、なぜ公的に隠蔽されるのか? 分かりますか?

Q45 地球維新をもっと簡単に表現すると?

A 物を作って売るという金儲けばかり考えないで、万世一系を根本に地球規模・宇宙規模で考えて動く、それが「地球維新」!

明治維新は、「黒船」鎖国から世界への開国だった。地球維新は「UFO」だよ!

地球内、鎖国《さこく》の状態から宇宙への開国だ！（笑）
素晴らしい未来を一緒に創造しましょう!!

「風水学と四神と祓戸大神」（白峰先生より）

四神と神道の禊ぎの神ハラエド（祓戸の大神）は、地球規模の浄化システムなり！
四神とは、青龍「海」。白虎「大地」。朱雀「空」。玄武「地底」。

早川の瀬織津比売神（セオリツヒメノミコト）は、人間の身体や物質の浄化。
速秋津比売神（ハヤアキツヒコノミコト）は、霊体の禊ぎとエネルギー浄化。
伊吹戸主大神（イブキドヌシノミコト）は、自然浄化で台風。
速佐須良姫比売神（ハヤサスラヒメノミコト）は、五大と五行の気の調整なり。
故・金井南龍氏は、「サスラまで、地球も人間も行かないと世の中は変わらない」と！
四神やハラエドは全て、地球浄化や人間の禊ぎの働きなり。

まずは「水」、そして「火」、さらに「風」、そして「大地」。大地の汚れは地球だけにあらず！　大地の上で生活する全ての人間に影響あり!!　サスラは言霊的には無限の働き、神道の「神ナガラの道」を表す。

我が「弘観道」では、四神もハラエド神も全て「国常立大神」の働きである。

されど、さらに風神と雷神が入り六神合体・ゴットマーズ（笑）となり本格的な六根清浄なり。

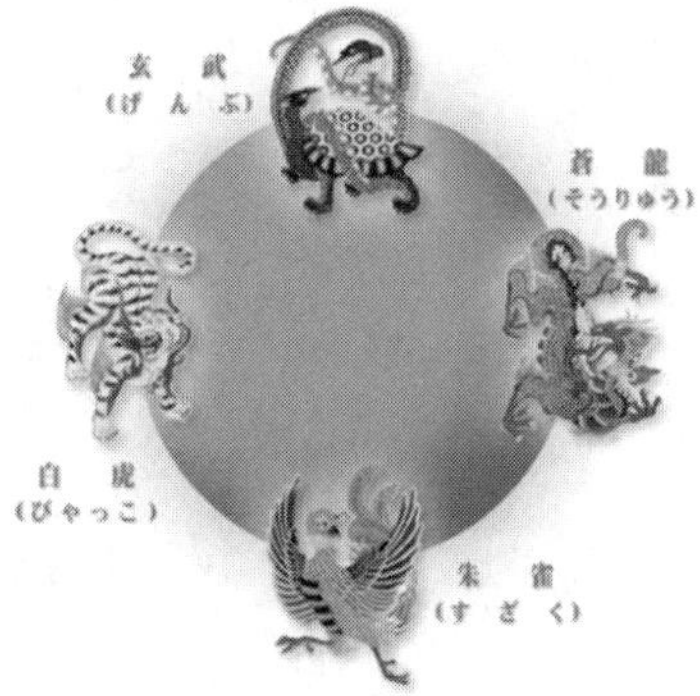

電磁波社会が日本龍体の再生にどれだけ悪影響があるか！　人体にも！
その全ての解決は、水の環境から始まります！
水は、高速ならば鉄も切ります！　水は、固体や液体や気体に変化できて、さらに宇宙の創造的働きと人体の70パーセントは水なり。

鹿児島ＵＦＯ談……白峰先生、超コアなお話をありがとうございました！　やはり水瓶座時代の到来で、「水」が最大のキーになるのですね!!　水が、気体・液体・個体と変幻自在なのは、般若心経とも通じています！

密教行法の基本では、護身法とラン（火）・バン（水）の加持にて、自身と環境を浄めますが、昔、大橋覚阿大阿闍梨が、**「水は、万物を育てる根源です！」**という、力強いお話をされたことを懐かしく思い出しました。あの頃は、何にも分かってなかったな～（笑）。そして、今でも分かってない（爆笑）。

昨年お会いして、講演も拝聴しました「江本勝《まさる》」さんの水の本がたくさん出ていますが、「水」の素晴らしさ、スゴさが分かりますので、ご一読下さい！

「神聖遺伝子YAPと水素水」（白峰先生より）

自分が変わる水の奇跡
青春出版社
江本勝

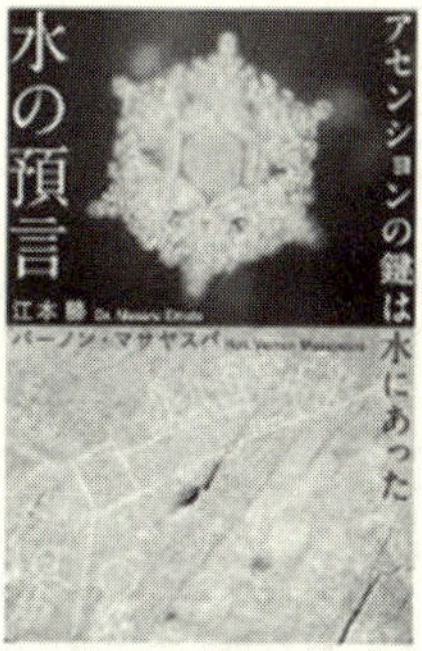

水の預言
ソフトバンククリエイティブ　江本勝

日本一使える波動の本
ヴォイス
江本勝

＊YAPはY染色体DNAの300塩基配列構成D系統遺伝子。この遺伝子はアジアでは日本人と中近東・チベット人だけ、世界でもアラブ人・ユダヤ人・日本人にしかないとされる。

神道大祓《おおはらい》の始まりについて、神道の禊ぎの瀬織津姫の働きとは。

早川の瀬に坐《ま》す瀬織津姫、実は男性神の天照大神の妃であり、地獄の番人の婆ちゃんなどイロイロ言われているが……、本来は、「弘観道」では水、則ち水源水素の神様で宇宙根源の本来の働きなり！

宇宙ではアクエリアス水瓶座の女神、地球では水源の川の神、法華経では七面大明神、科学では水素原子、神道では人類のカルマを浄化する祓戸（ハラエド）の大神。

この神様が本格的に働く！　九州、早川神社の瀬織津姫は法則、則ちセオリーも司る！

２０１１年正月の大雪は、日本のみならず世界規模、鳥取米子１０００台の自動車の、雪による被害も、地球温暖化ならぬ、地球氷河期の始まりと、白峰、則ち白山菊理姫神の再興と復活なり。

故に、朝鮮半島問題も、全て上善如水《じょすい》の如く、全て解決に向かう！

白山は雪の象徴で5と6をくくる！　11面観音の働きなり。

富士の白峰に続く！　国常立大神が動くまで、白山が本格的に働く。

前哨戦で早川瀬織津姫が地球規模で働き、鳴門の渦潮は瀬織り込む神水なり。

働く！　全ての水が本来の働きを表す！　則ち、人類の生命の大樹の蘇生再生が始まります！

追伸　江戸の仕組み、美濃尾張とは本当の意味は隠語で、ハラエドの仕組みは「身の終わり」。

則ち、肉体の束縛から離れて生命回帰という深い意味あり！

昨今の水素水ブームや水素自動車の普及も全て、神話でなく現実の話である！
宇宙を構成する四大元素の中で、水素がいかに大切か？

太陽のへリウムは、水素爆弾ならぬ水素反応による。則ち、水から火が起きて融合するから火水（カミ）則ち神（カミ）の法則、セオリーなり！

水を制するもの、世界を制す！　水、則ち命なり!!

男性神のアマテラスは、ニギハヤヒ神で、もののけ姫ならぬ物部なり。

エミシの国の女神
風琳堂
菊池展明

瀬織津姫秘話
評言社
山水治夫

瀬織津姫物語
評言社
山水治夫

全国の代表的な瀬織津姫を祭る神社（速川・早川）
東北は早池峰山早池峰神社　山梨は金桜神社　富山は速川神社
四国は八幡浜高校裏の鳴滝神社　九州は宮崎西都市の速川神社
京都市内は岩戸落葉神社と大森加茂神社

早池峰神社

西都市の速川神社

瀬織津姫神祭祀社全国分布図

（全四五四社　二〇〇八年五月現在）

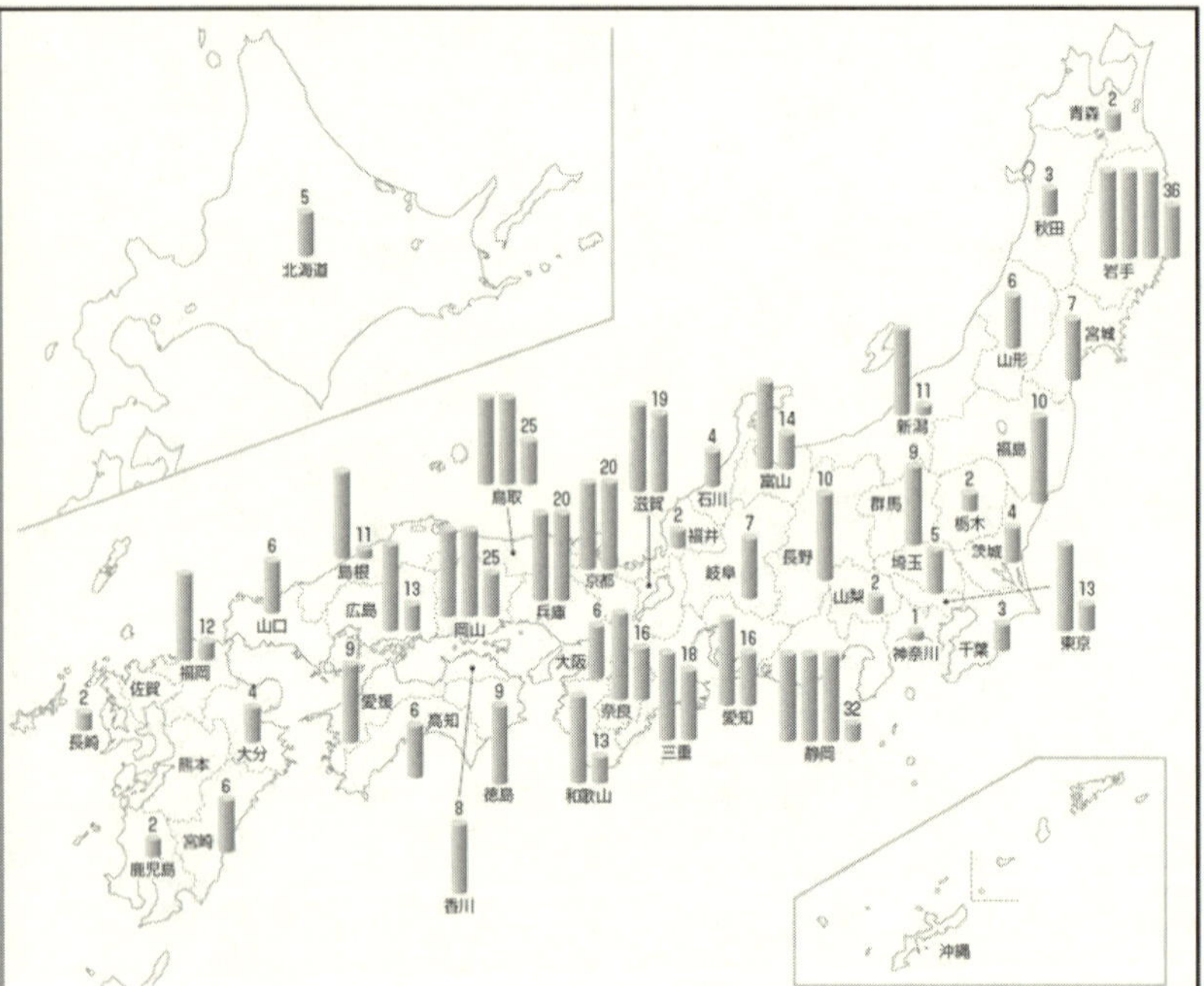

分布図は風琳堂さんのホームページより。

追伸　昔々、白峰先生は金井南龍先生から、早川瀬織津姫と言われて抱き付かれたそうです(笑)。

最近は、氷川きよしと握手され、氷川神社に参拝。今年は、須佐之男神御霊の木村拓哉と氷川きよしが活躍します！

超コア情報です！

昔、白峰先生は、「金井南龍先生」より四国　金比羅宮奥宮　白峰神社、京都　白峰神宮、四国81番　白峰寺、全国の白峰族再生の為、南朝復活のため、75代崇徳天皇にも白峰、則ち白山神界再興のために活躍してほしいので、是非白峰と名乗って活動してほしいと言われたそうです！

これが、白山菊理としての白峰由鵬先生誕生の秘話で、現在は、天御中主神の経綸を遂行するために「中今悠天」です♪

「16」の名前の使い分け。進化と変化を楽しむ自由自在の不動智神妙。まさに、「天下御免」です！

白峰由鵬の頭と足をくっつけると、横綱の白鵬さんになりますし、仮面ライダー白峰天斗などもいますね（笑）。ちなみに、鹿児島ＵＦＯは、白峰先生のもう一つの名前を知ってます。宇宙の共通語で、チ〇〇ス（笑）。分かるかな？

「瀬織津姫」追伸です！（白峰先生より）

早川（速川）の瀬織津姫は　滝水の神でもあります！

不動様、弁財天様、その他イロイロな呼び名がありますが、その本体は日本各地の龍穴から湧きいずる「龍体神気」そのものです。饒速日（ニギハヤヒ）神は、ほあかり、則ち直火であり、霊止（ひと）の魂の炎を示す。

奇跡の癒し水
ミリオン出版

則ち　大和魂とは　この二つの働き（水＝瀬織津姫・火＝饒速日神）の相乗原理なり！！　そこで、瀬織津姫＝滝を感じて下さい！！
オススメ「奇跡の癒し水・神々の力が宿る滝」（ミリオン出版）

水戦争
角川SSコミュニケーションズ　柴田明夫

日本から水がなくなる日
中経出版
俊成正樹

鹿児島ＵＦＯ談……今まであまり表に出ていなかった、瀬織津姫、饒速日神、再認識して下さいね！

今、世界各地で水の災害が多発しているようですが、水を本当に大切にしていきましょう！！

地球上の水のうち２，５３％が「沼水」、70％が「氷河・万年雪・海水」です。生活や工業用水に使えるのはたったの２，５３％だけで、地球がさらに温暖化すると、淡水が「10〜30％」減ります。

記事「今そこにある危機、地球規模の水不足」もご参照下さい。

http://plaza.rakuten.co.jp/kagoshimalife/diary/200912250000/

最近、やっとテレビが報道を始めていますね。主に中国資本が、日本の安い土地＝山間部＝「水源」を買い占めにかかっていると……。

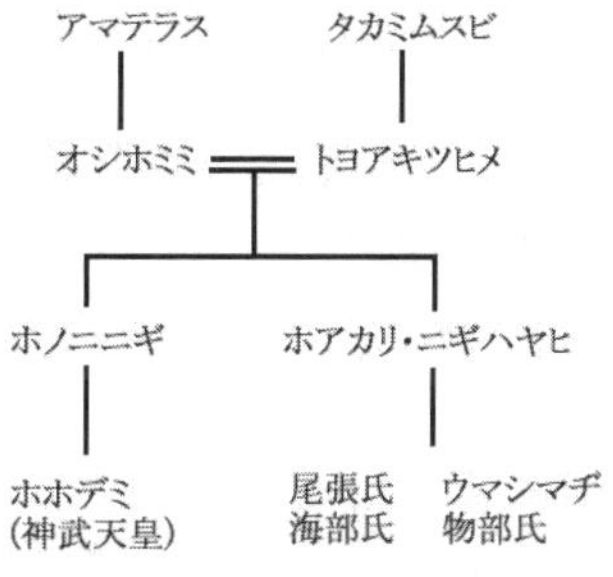

ノンキなのは、政府、行政で、早急の対応もないなら国家的な長期戦略もなし（私たちがシッカリするしかないのかな！？）

「運をコントロールする！？」超オススメ！（白峰先生より）

スピリチュアルな皆さまにも、シッカリと「運」を持ってもらいたい！　白峰先生１００冊書選集より、超オススメです！

「ツキの科学　運をコントロールする技術」（ＰＨＰ研究所　マックス・ギュンター著　夏目大訳）

この本、是非ＳＮＳやツィッターで伝えて、人の噂にして下さいませ（笑）。

著者、マックス・ギュンターは、私、白峰と同じく「意識行動学」の研究を「チューリッヒの小鬼たち」から学び、ルータイスの脳機能開発を理論的にセオリーにせず、ランダム理論とシンクロニシティ理論を運と運命法則で説明している！

１５８ページの「運命と神」を読んでほしい！　ラムサやバシャ

ールや釈迦やダルマ、そして　２０１２年問題までこの一冊で共鳴できる。
宇宙戦艦ヤマトの波動砲よりも、共鳴するぜ。ガンツだよ（笑）。

お母さま方。小学五年生から子供にこの本を読ませましょう！　運命が代わりますから。
まずは、小沢一郎さんとアメリカ大統領オバマさんと、動天様に読んでほしい！（笑）

本の内容（セブンアンドアイより）
なぜ、ある人に幸運なことが起きて他の人には起きないのか？　幸運の本質を科学的に考察し、それを手に入れるための法則を明らかにする。

第1部　旅の始まり（運の良い人、悪い人二つの数奇な人生）
第2部　運とは何か　科学的な見解（ランダム理論・超能力ほか）
第3部　運とは何か　神秘的な見解（数字運命と神　ほか）
第4部　運を良くする方法（運の良い人は社交性と直感力に富む）ほか

著者情報　ギュンター・マックス。英国生まれの作家、ジャーナリスト、投資家。11歳で米国に移住。プリンストン大学卒業後、『ビジネスウィーク』誌勤務を経て、『プレイボーイ』『リーダーズ・ダイジェスト』『サタデー・イーブニング・ポスト』などの雑誌、新聞に寄稿するようになる。父親はスイス銀行界で活躍した人物で、世界的に名を知られた「チューリッヒの小鬼たち」と呼ばれたうちの一人。13歳で株式マーケットに参入し、財を成す。

鹿児島UFO談……まずは用語解説を数個。

・「チューリッヒの小鬼」とはスイスの投機的な金融集団の蔑称。1956年にイギリスのウィルソン首相がポンド売りを仕掛けてきたことを批判して呼んだ、今で言えばヘッジファンドのような存在かも?

・ランダム理論とは過去のトレンドやデータによって将来の値動きを予測することは不可能であるとする理論。宇宙におけるランダム理論は、宇宙も生命の存在もすべて偶然、我々が存在するのは、化学的偶然が何度も重なったのと、突然変異の産物だという決定論。

・シンクロニシティとは、「意味のある偶然の一致」のことで、日本語訳では「共時性《きょうじせい》」とも言う。非因果的な複数の出来事の生起を決定する法則原理として、今まで知られていた「因果性」とは異なる原理として、カール・グスタフ・ユング(心理学者・精神分析医)によって提唱された用語。

何か複数の事象が、「意味・イメージ」において「類似性・近接性」を備える時、このような複数の事象が、時空間の中で規定されているこの世界の中で、従来の因果性では、何の関係も持たない場合でも、随伴して現象・生起する場合、これを、シンクロニシティの作用と見なす。

苫米地流能力開発用語集より

【ルー・タイスとは？

元プロフットボールのコーチで、「タイガーウッヅが父から学んでいた」「北京オリンピックで8個の金メダルを獲得したマイケル・フェルプスを指導した」など、現在アメリカのフォーチュン500の企業（全米トップ500社ランキング）の6割以上や連邦政府機関、州政府機関、国防総省、警察などに導入される「ルー・タイス・プログラム」の創始者。

約40年前、プロフットボールのコーチ時代、アマチュア選手たち及び、プロチームのメンタル強化法をビジネスマンと企業組織に適用し、人材の育成や企業の成長に目覚しい成果を上げるようになった。

それ以来、人と企業が目標を達成する手段としてコーチングが一般社会に受け入れられ、その重要性が様々な形で認識されるようになる。

この「ルー・タイス・プログラム」は、現在、全世界に280万人の受講者を持ち、各国のリーダー教育にも取り入れられており、ルー・タイスは、まさに「元祖コーチング」と呼ばれ

る人物なのです】

この本は、本来つかみどころのなかった「運」をテーマにした数少ない傑作本で、スピリチュアルな皆さまにも、是非読んで頂きたい。

私自身、ポジティブ＝ノーテンキ＝何とかなるで＝最終的には運がイイかも、なんですが、人生、乱高下が激しいジェットコースターような（爆笑）。

一番気になったのは、「運の良い人は、悲観的推測に基づいて行動する」という言葉なんですが……、ハッとしました！　自分のノーテンキは、本当はポジティブではなかったと気づきました！

いつも甘い観測をつなぎ合わせて、棚からボタ餅的な気分でいる（？）スピリチュアルな人に多い傾向。「世の中、生きにくいから、ミロクの世を望む」。これは真であり、間違いでもあると、この言葉で感じました。

本当に「運」の良い人は、「悲観的推測」を以て、最大の準備・用意を周到にしているのですね。これでは、失敗する余地がありません（笑）。

私自身、シタタカな人、タダでは転ばないタイプの人には嫌悪感を持っていましたが、自身の偏向性（貧乏＝清廉という幻想）に気づくべきなのかな？　とハタと思い至りました。

この本、スピリチュアルな人々の弱点をも大いに補強する、素晴らしく現実的な内容！　お互い、シッカリと身につけて、鬼に金棒＝天使に大羽根になりましょうね（笑）。

太古「月」は無かった！　その頃どうだったの？

白峰先生より「運」――ツキを確実なものにするには「月」もよく理解する必要がありますということですから、月を少し掘り下げてみます。

月は、生命を維持・育成している働きがあると同時に、３次元生命としての制限も加えています。

もし月が無かったら、人間の寿命は、３倍～10倍、身長も３メートルとか。約１３０００年前は、月はまだ地球の横にはなく、地球の水位もまだずいぶんと低かったようです。月が地球の横に来た時は、大量の水（ノアの大洪水）と重力をもたらし、結果、今の人類は身長と寿命に制限を受けている状態です。

歴代天皇の身長や寿命が古文書に記されていますが、現代ではありえない長寿や、身長が高い天皇がいますよね？　これは、月が来る前、３次元降下前の状態を表しています。

そこで、白峰先生より、「月」をより理解できるご本の紹介です。

「月の魔力」（東京書籍　アーノルド・L.　リーバー著　藤原正彦／藤原美子訳）

（アマゾン内容紹介）

満月の日に何かがおきる！　人間の体内水分にも、月による潮汐《ちょうせき》作用が影響しているとするバイオタイド理論で科学のフロンティアを切り開いた書籍。

（内容「BOOK」データベースより）

満月の日は殺人・交通事故が激増する⁉　マイアミの精神科医である著者は、その噂に興味をもち、研究を続けていくうちに、次々と新事実に遭遇し、ついに月と人間の行動・感情には明らかな関連があることをつきとめた……。

月はその引力により、満潮・干潮を引き起こす。人間の体内水分は80％。生体にも潮汐作用が起きているのではないか。この「生物学的な潮汐」こそ、人間の行動と感情の鍵であり、このリズムを通じて生命体は宇宙と結びついているという壮大なバイオタイド理論を展開して、科学のフロンティアを切り開いた。

「月の謎と不思議がわかる本」（学研　宇宙科学探究倶楽部）

アマゾンレビュー（レビューアー　ゴブリンさん）「科学的なトピックからトンデモ的なお話まで、とりあえずの知識を得られる。へー、月にはこんな謎があったんだ～からスタートして、興味を持ったら他に当たるという、とっかかりにはいいかもしれない。個人的には、もっとトンデモ的な事ばかりかと期待していたが、割とまともだった。」

そして、実は月は2つある、と言っているのが、白峰先生、グルジェフ（精神的／実存的な取り組みの主導者）、渡辺大起さん。二つめの月の出現は、地球の大変動を意味しているようです。

関連して、ニール・F・カミンズの本。科学的な推論も交えて面白そうです。

もしも月がなかったら
東京書籍
ニール・F・カミンズ

もしも月が2つあったなら
東京書籍
ニール・F・カミンズ

月の謎と不思議がわかる本
学習研究社

そして、臨死体験して過去、未来を見てきた木内鶴彦さんによると次のようになります（知っとうやさんのブログより、木内さん講演を転載）。

http://calseed.blog31.fc2.com/blog-entry-137.html

「・海は一つで太平洋しかなかった。
・海面は今よりも２０００メートル低い。
・植物は当時の海抜１５００メートルくらいまでしかなかった。
・平均気温３０℃、高温多湿。
・木の高さは３００メートル級。
・人類の住居は自然環境を守るため地下深くにあった。
・当時は高度な文明を持ち、人類の移動はＵＦＯのような乗り物であった。
・恐竜も共存していた。
・重力が軽いため人類の身長は3メートル近くあった。巨大恐竜も動きは素早かった。
・当時の１日は２５時間であった。1年の長さは変わらない。
・月が無かったため海の干潮はない。
・大洪水で大陸移動しなかったのは、アラビア半島、ハワイ、マダカスカル、日本。」

太古は月が無かったので、このような様子だったそうです。アセンション・次元上昇・ミロクの世とか言われていますが、近未来には月（生命磁場を司る人工衛星）が地球から離れることによって、現3次元制限の無い、新時代が到来しますネ（太古に回帰する・循環している）。

白峰由鵬流～「ツキの法則」現実の開運法を大公開！（白峰先生より）

白峰流「ツキ（好運）の法則」

多くの方から「開運の法則」を教えて下さいという問い合わせメールを頂きました（笑）。

私が25年前から実践していることを一つだけご紹介します。

三倍満の法則だよ～（笑）。麻雀がわかる人なら「三倍満」解かりますね？　三倍満は満貫の3倍の点数になる。場合によっては、三倍満は最高点数の役満よりむずかしい。

「白峰流三倍満」とは？

人の三倍働き、三倍時間を速め、三倍思考する。

わかりやすく解説すれば、人の三倍働けば、収入アップ。副業も趣味も、処理能力が三倍になれば、時間は三分の一ですむから、空いた時間は自分の好きなことのために使えます。

三年を一年で、三ヶ月を一月でという三倍速の行動力。これで、「お金」と「時間」の問題は解決！

三倍思考とは則ち、今だけの楽しみを徹底的にやる（笑）。

好きな食べ物・好きな音楽・好きな酒や本を楽しむ！　徹底的に三日三晩やる！

楽しみを意識だけでなく、行動パターンで覚える！　このリズム感が楽しく意識に入ると、楽しみだけの、楽しむための楽しみそのものの人生になる！

笑いとリズム感で何をしても笑えるから（笑）、善悪を超えた感性磁場が生まれる！

一日24時間が8時間の感覚になる。そこまでくると、睡眠3時間、感覚仕事も3時間。全て3時のあなたになります！（笑）

最後は空間磁場すら変わる。

時速40キロから次は120キロで走り、しばらくして40キロに戻す！

動体視力のアップではなく、脳の認識が変化する。

行動で起こすから全て変わる。30分かかっていた料理が10分でできるようになる。

タイムウェイブ理論が体感出来るよ！

環境意識行動学の初期化だよ～（笑）

鹿児島UFO談……白峰先生、超コアなアドバイス、誠にありがとうございます。

三倍満の法則で、3倍速で働く・考える・処理する・動く・楽しむ！！

凡人は、嘆いていることの方が多いですよね。

私は20代の頃は愛原由子先生（催眠療法の超達人）の秘書をしていました。若い頃はフラワーアレンジの日本パイオニアでしたし、心理療法の腕も、大学教授を遥かに超えた凄腕です。よく言われました。成功したければ、人の3倍の努力をシナサイと！

最近も、運命改善ヒーラー、「コンディション・ハッピー」の水口さんご夫婦にも、人の3倍働いていた頃のお話をうかがいました。

今、エジプトから太古のカルマが日本に飛んできていて、型しめしとして体調・お金・感情など、影響を受けている方が多いようです。皆さま、「3倍満」で乗り切りましょう！

アセンションの超しくみ！？

お友達のエリンちゃんより、超オススメ本の紹介を頂きました。

「宇宙セントラルに吸い込まれる地球　アセンションの超しくみ」（ヒカルランド　サアラ）

ワンダラーエリンちゃんのお姉さんが描いた本です。

転世・スピリット・宇宙人・カタストロフィーのすべてがわかります！エリンのことは76ページに載ってます（笑）。

「こんにちは。エリンだよ～。金星の義姉、サアラちゃんの本だよ。

エリンは漢字読めないし中学中退だから（笑）。なかなかいい本だよ。内容は難しいけどソリトン親父の白峰ちんと同じく、アセンションは瞬間、瞬時に終わるっていうお話。

このサアラの本、オススメだよ。

宇宙は、本当に〈闇〉なんだよ。いかに地球　素晴らしいか、高島屋で買い物してるとつくづく解かるね（笑）」

（アマゾン内容紹介）アセンションした地球（すでに存在している！）からあなたへの招待状。

覚醒した宇宙人の魂サアラが、宇宙セントラルのマスター・メータックスから聞いた情報をもとに、今一番伝えるべき大切なことを完全セレクション！

「巨大宇宙を統括しているセントラル」の計画に基づく、筋書き通りの展開が、ついに始まる！

巨大宇宙セントラル――そこはすべてを創り出す根源の闇〈ネガティブフィールド〉

セントラルは13次元に位置する

私たちのスピリットは、セントラルで創造され、セントラルへ還っていく

究極の経済概念「マネーフリー」

グレーメン、シークレットガバメントによる気象操作、人工地震、ウイルス被害

12の銀河連邦すべてがアセンションする！

アセンションするためには、肉体を維持しながらライトボディーに変容しなければならない！

宇宙連合からの援助には、地底世界、地球の宇宙人基地、マザーシップ（巨大宇宙船）への紹待という選択肢もある！

5次元の地底レムリア界は、すでに次元上昇しています！

日本に地底界への入口（ポータル）が数カ所ある！

太平洋沖に、宇宙連合の協力で、新しい地底都市「現代版ノアの箱舟」が建設された！

アセンションした新しい地球はすでにセントラルを通過して、反対側に存在しています！

すべての人に魂が由来する宇宙エリアのチップが埋め込まれています。

セントラルからのメッセージ――アセンションにおける人類「3つの選択」
1　無に還るか　　2　やり直すか　　3　5次元へ行くか
新しい太陽と新しい太陽の誕生
ブラックホールとホワイトホールを経て別次元へ飛ぶ

鹿児島UFO談……白峰先生の「アセンションは、たった10秒でおわる」ということを、この本も言っているのですね！　見出しを見ても、なかなかイイですね！！

ちょうど本屋さんでこの本を見つけて、他の友達からもオススメがあったところへエリンちゃんからのオススメで、3シンクロニシティでした。ありがとうございます。

たしかにこの本、濃い～です！

お友達からの推薦メッセージです。「この本は、手にとるだけで意識が変わるエネルギーの本でした。はっきり言って、我々ワンダラーの本です。

我々の新宇宙アセンションを望む者達への、未来の自分からの招待状の本です。まだ少し読んだだけですが、記憶の回路がどんどん開けてます。アセンション望む者は読むべし」

おそらくこの本が手元に届いている方は、きっと２０１２年のアセンションを本気で望んでいる方々だろうと思います。

望まない方々は、おそらくそのまま、三次元延長線上の２０１２年を迎えることとなり、つまりなんにも起こらないのだろうと思います。

僕はウルトラセブンなので、もう未来の自分から、はやく新しい宇宙へ還れと帰還要請が来てますし、おそらく還ることになると思いますけど♪

地球霊王、日本列島に現る！

垂水区茶屋の未亡人よりメッセージを頂きました（ありがとうございます♪）

「地球霊王日本列島に現る」（たま出版　毛利雄二）という本があります。

（アマゾン内容紹介）日本の主な山と岬と神社は、一定の法則によって配置されていた。それらを線で結ぶと、驚くべき図形が浮かび

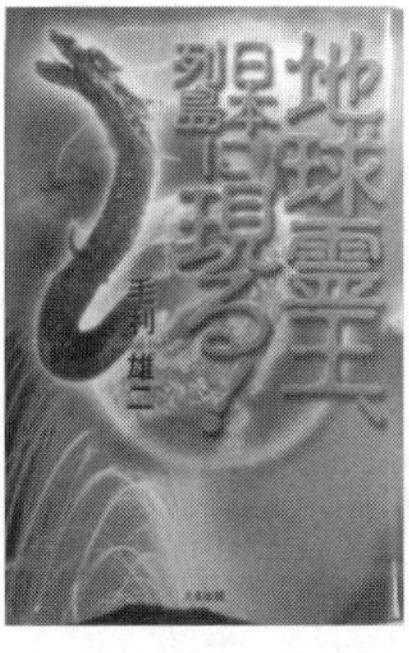

上がってきた！　竜王の姿をとらえた衝撃の日本地図の秘密に迫る。

垂水のおばぁちゃんより
日本結界を再び張りなおし、さらにプラズマ結界まであるらしい！　いかに日本がすごいかというと、世界の雛形なんだよ！

鹿児島「桜島」と霧島「新燃岳」の爆発は火と水の浄化だった。南の島のラインに大きな海底地震が来るかも。

春は桜、東海南海竜宮ならぬ琉球の御霊鎮まり　火水（カミ）仕組み。

鹿児島の4つの金玉を動かすと、大陸浮上する。謎々だよ（笑）。

これで白頭山は、噴火遅れるかな。ばあちゃんは琵琶湖で三上照夫の供養だよ。


鹿児島ＵＦＯ談……鹿児島爆発は火水の神仕組み。今後は沖縄に続き、白頭山のガス抜きという意味もあるのですね！！　超コアな情報、まことにありがとうございます。

この本は、非常に興味深いタイトルですね！

そして三上照夫さん？　気になりましたのでネット検索しました、ヒット件数は少なかったですが、昭和天皇の御指南役・国師　神道・キリスト教をも超えたすごい能力者！　だそうです。エクトプラズムで物体移動、高野山からも霊能仕事の依頼、前世は源義経などなど、すごい人ですね！！

出口王任三郎聖師が、最初に出会った時、三上氏に「お待ちしておりました」と言われたそうです。まるで、高橋信次先生が白峰先生に「なぜもっと早く来なかったか！？」と言われたことと相似象です！（＊白峰先生は、現在一切の団体組織等に関与していません）

２００９年8月の月刊「ムー」（学研）に、三上国師の特集があります。面白い！

参考　ＳＯＲＡさんのブログ「天皇の国師・三上照夫とは……？」

http://blogs.yahoo.co.jp/akikazenosasayaki/33905635.html

三上照夫、金井南龍、橘香道（浜本末造）。スピリチュアルの古典で、勉強になります（大感謝）。

向井千秋さんが宇宙空間より「光の柱」を目撃！

昨年、中臣（香取）勢先生、東国3社参拝ツアーの前日、水戸のある社長さん（中丸薫先生の著書にも紹介されている、事業家にしてスピリチュアルな方。自給自足で素晴らしく波動の高い米も手がけておられます）に、日月神示の麻賀多神社等を案内して頂きました。

その社長から、ある人を介して、次のような話を聞きました。

宇宙飛行士、向井千秋さんが、宇宙空間より地球を見ている時に、日本の一点から、「光の柱」が立っていたと！　それは、個人の錯覚でなく、クルー全員が見たそうです！

その光が発しているポイントを特定したところ、日立市の「御岩神社」だったそうです！

白い鳥居が珍しい神社で、木造の大日如来像もあり、廃仏毀釈前は明らかに、御岩山・神仏習合の修験道拠点でもあったようです。

御岩神社の御祭神は、国常立尊、大山祇命、大己貴命、少彦名命、伊邪那岐命、伊邪那美命大国主神、他19柱、御岩山総祭神188柱。さもありなんの御祭神ですね。

「国常立大神」は、弘観道——サナトクマラ「地球霊王」と関連していますから！

西洋では「ルシファー」、東洋では「虚空蔵菩薩《こくうぞう》」、日本では「須佐之男尊《スサノオ》」、イスラエルでは「ヤーベ（国常立大神）」の四魂です。

本来、民族、宗教、国家の障壁はなく、根本のエネルギーが応身として、それぞれの民族に変幻自在に現れているだけなのです！

向井千秋さんがスペースシャトルに乗って宇宙に行ったのは、1994年7月8日～23日、コロンビア号のミッション（STS-65）、そして1998年10月29日～11月7日、ディスカバリー号のミッション（STS-95）の2回ですが、おそらく1998年のことでしょうね。1999年のノストラダムス予言への防御活動だったのかも（笑）。

実際に肉眼でも見えたその現象は、日本がコアな国であることの証明でしょう！・本当は、アメリカさんも　それを知っているのでしょう！・素晴らしいですね！！！

日本には黄金のシールドがあり、守られている、という意味のことを、ゲリー・ボーネル氏や、ブルガリア政府公認のバイオエネルギー・セラピスト、ベラ・コチェフスカ女史など海外の能力者も言っていますが、日本は様々な能力者で守っています。もちろん、白峰先生も日本に特大の黄金シールドを張っていますが……（笑）。

日本全国、かような守護がありますので、龍体日本の火山　水　日本食　日本語などを大事にしながら覚醒していきましょう！

「敵の敵は味方？」石屋と手を組み世界平和！

イルミナティとフリーメイソン（石屋・石工集団）との違いが分からずに混同している方が多いのですが、本来のイルミナティは、けっして「闇の権力」などではなく、大天使・光の存在・グリッドカンパニー（地球にヒューマノイド生命体が別宇宙より入植する際に入口となる生命磁場を形成している14万4千個の魂をいう）に通ずる、人類を高みに導く、聖なる存在なのです。

人間は、あるレベル以上の修行（階梯）に到達するごとに、自然と縁がつながって、覚醒グループの仲間入りをしていくのですが、その聖なる集団の頂点に、ホワイトブラザーズフッドや、グリッドカンパニーがあります。

白峰由鵬先生よりメッセージです。

「敵の敵は味方？」石屋と手を組み世界平和！

日本神話の「イザナミ」はユダヤの血統ゆえ、日本とユダヤは、同祖に非ず！

日本ユダヤ皇祖説が正解です！

つまりは、万世一系のみ！

「本来のイルミナティ」とは、15000年以前のアトランティス文明の継承者である！

今現在言われているフリーメイソンやブラックイルミナティ（闇の権力）に非ず！

神智学や錬金術のマスター達を言うのであり、聖白色同胞団（ホワイトブラザーフッド・ブラザーフッドオブライト）が本来のイルミナティである！

ロックフェラーもロスチャイルドも正直、新しい2012年以降は必要とされず！

されど、この2者が変わればどれだけ世の中が変わるであろうか？（悪党が世界平和を実現させる？）


ベンジャミン・フルフォード氏の「敵」である世界政府！

その世界政府が一番怖れる存在は、地底にいる「敵」、宇宙存在（テロスやシャンバラ集団）。

この存在は「東洋人」、特に日本人に限りなく近いと言う（YAP遺伝子）。

フルフォード氏の「敵」の「敵」、つまり「本当のイルミナティ」とは、味方なり（笑）
＊フルフォード氏との関わりについては、氏のブログをご参照ください。
(http://benjaminfulford.typepad.com/benjaminfulford/ 2008年11月19日の記事「白峰さんについて」)

鹿児島UFO談……日本人の持つ、特殊な「YAPマイナス遺伝子」の大きな働きに、霊的な弁別能力（違いが分かる、本物と偽物の区別がつく）もあるのです！　欧米にあまりない「連綿と引き継がれる身体意識＝先祖」を大事にする日本の風習は、霊系・家系を守り、そこから守護もされるという貴重な方程式が日本にあると！　欧米のゲリー・ボーネル氏も指摘しています！　YAPマイナス遺伝子の民族ならではの伝統です！

追加資料　宇宙時代に向けて「J・F・ケネディ大統領」演説草稿

わがアメリカ国民、そして世界中の皆さん、今日、我々は新しい時代への旅に出発します。人類の幼年期である、一つの時代は終わりに向かい、新たな時代が始まろうとしています。

私がお話しする旅とは、計り知れない試練に溢れていますが、我々の過去のあらゆる努力は、成功するために我々の世代を比類なくサポートしてきたものと私は信じます。

この地球の市民である我々は、孤独ではありません。無限の知恵を備えた神は、我々自身のように、他にも知的生命体を宇宙に住まわせてきました。そのような権威に対して、私はどのように述べることができるでしょうか？　１９４７年、わが軍は、乾燥したニューメキシコの砂漠で、起源不明の飛行船の残骸を回収しました。

まもなく、我々の科学により、この乗物は、はるか遠くの宇宙空間からやってきたことが分りました。その時以来、わが政府はその飛行船の製造者達とコンタクトを取ってきました。

このニュースはファンタスティックで、実際、恐ろしく思われるかもしれませんが、皆さんは過度に恐れたり悲観して捉えることのないようお願い致します。私は大統領として、そのような存在が我々に対して無害であることを皆さんに保証いたします。

むしろ、全人類の共通の敵である、圧制、貧困、病気、戦争を克服できるよう、彼らはわが国家を助けてくれることを約束しております。彼らは敵ではなく、友人であると我々は判断いたしました。

彼らとともに、我々はより良き世界を創造することができます。未来に障害や誤りが生じないかどうかは分りません。我々はこの偉大なる土地で暮らす人々の真の運命を見つけたものと信じます。世界を輝かしい未来に導くことです。

なぜ彼らがここにやって来て、なぜ長期間に渡って我々のリーダー達が彼らの存在を秘密にしてきたのか、近く、皆さんはそれらについてさらに知らされることになるでしょう。私は皆さんに、臆病にならず、勇気をもって未来を見ていくようお願い致します。なぜなら、地球に存在した古代の平和のビジョンと全人類の繁栄を、この我々の時代に、我々は達成できるからです。あなた方に神のご加護のあらんことを。

2011年3月9日からマヤ暦シフトアップ　更に時間加速の意味は？

カール・コールマン博士の説によると、マヤ暦は、3月9日から260日サイクルに上昇します。我々の実生活にも大きな影響がありますので、いったい　どういうことなのかを少し説明いたします。

マヤ文明が、歴史上でも時間についての造詣が最も深い、と言われていますよね。マヤの神殿は、9段の階段、プラス神殿で構築され、宇宙の創生から人類が創造主の意識に至るまでの進化タイムスケジュール（カレンダー）を表現しています。

1段目　164億年間は、宇宙創生から細胞生物の発生という、非常にゆっくりとした長いサイクル

2段目　20分の1期間に短縮、速度を増して、8億2000万年間で哺乳類の発生

3段目　さらに20分の1期間に短縮、速度を増して4100万年間で類人猿や人類が発生して家族の単位が生まれる

4段目　さらに20分の1期間に短縮、速度を増して２００万年間で部族の発生と道具の使用
5段目　さらに20分の1期間に短縮、速度を増して10万２０００年間で、農業・宗教の発生
(別次元として、パンゲア・レムリア・アトランティの高度文明)
6段目　さらに20分の1期間に短縮、速度を増して（完全に3次元に降下して）５１２５年間で国家の発生と覇権の争い
7段目　さらに20分の1期間に短縮、速度を増して２５６年間で産業・技術の急速発展などロケットのように、時代・時間の加速が続いてきました！
8段目　さらに20分の1期間に短縮、速度を増して12、8年間で　１９９９年1月4日～２０１１年3月8日、子供でさえもとても時間の経過が速いというほどに時間感覚が加速されて、社会も人間も大きく変化してきました！

コールマン博士によると、いよいよ3月9日から9段目で、さらに20分の1期間に短縮、速度を増して２６０日間にサイクルアップ！　だそうです。

２０１１年3月8日～２０１１年10月28日。超超～激動の２６０日間のスタートです！！　この時間感覚の違いを、肌で

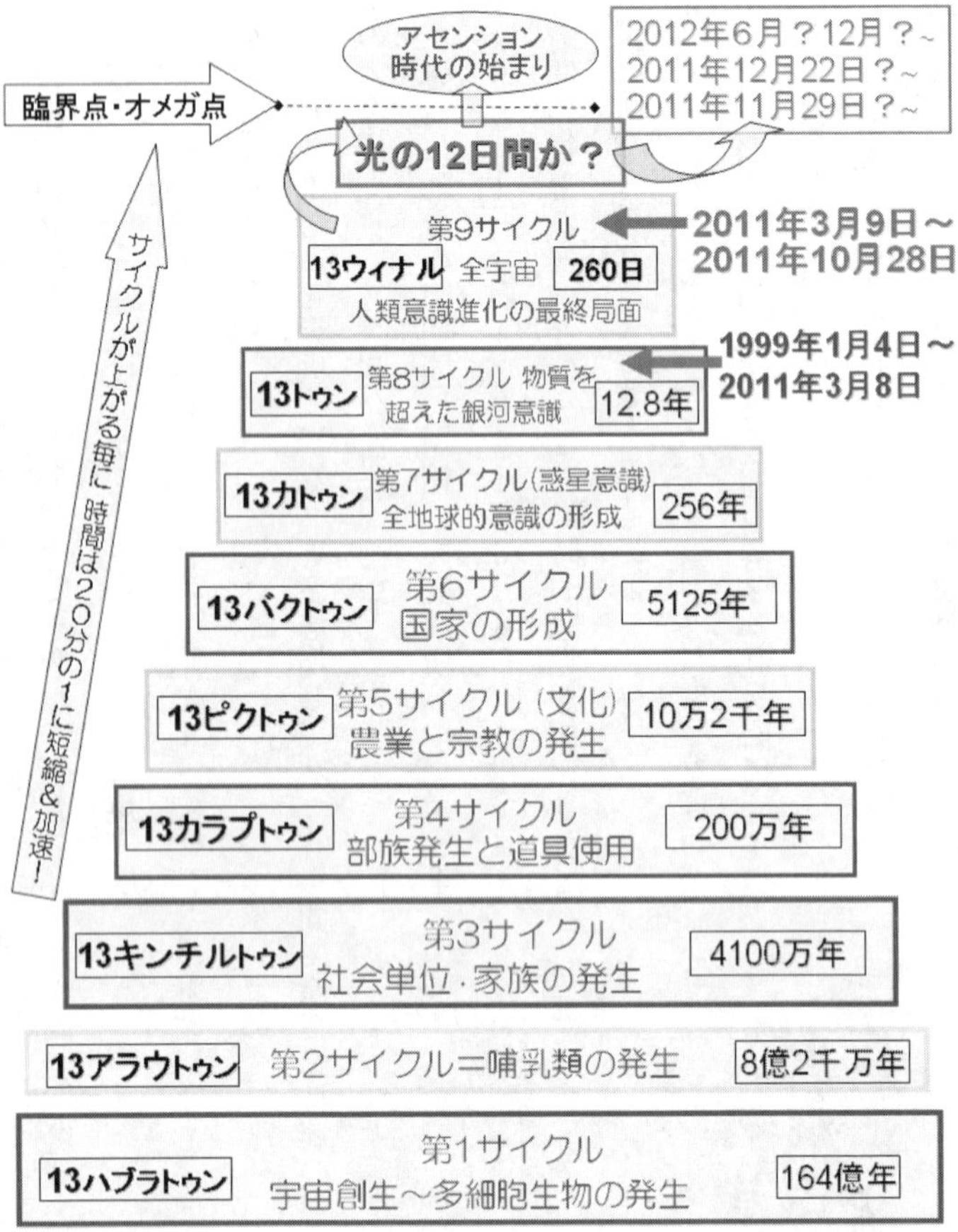
アセンション
時代の始まり
2012年6月？12月？~
2011年12月22日？~
2011年11月29日？~
臨界点・オメガ点
光の12日間か？
サイクルが上がる毎に 時間は20分の1に短縮&加速！
第9サイクル
13ウィナル 全宇宙 260日
人類意識進化の最終局面
2011年3月9日～
2011年10月28日
1999年1月4日～
2011年3月8日
13トゥン 第8サイクル 物質を超えた銀河意識 12.8年
13カトゥン 第7サイクル(惑星意識) 全地球的意識の形成 256年
13バクトゥン 第6サイクル 国家の形成 5125年
13ピクトゥン 第5サイクル（文化） 農業と宗教の発生 10万2千年
13カラブトゥン 第4サイクル 部族発生と道具使用 200万年
13キンチルトゥン 第3サイクル 社会単位・家族の発生 4100万年
13アラウトゥン 第2サイクル=哺乳類の発生 8億2千万年
13ハブラトゥン 第1サイクル 宇宙創生～多細胞生物の発生 164億年

感じてみましょう！

次の、マヤ神殿を背景にした「1～9サイクル加速化表」を、見て下さい！　そして、そのあとやってくる「光の12日」（まず先発組が覚醒する期間・12日間）も付加しました。（光の12日間の日付も諸説あります。２０１１年とか２０１２年など）

細かいことは抜きにして、この表は20分の1ずつ時間の短縮と加速化を表現していますので、よくご覧下さい！

1日24時間が、体感では8時間くらいになるでしょうか？　1日、1週間、1ヶ月、そして約8ヶ月（２６０日間）があっという間に流れますし、社会現象も目まぐるしい日々でしょう。

心すべきは、善きも悪しきも現実化が更に速くなりますので、プラス思考が非常に大事です。たくさんの重い思いは、どんどん手放していきましょう。かろやかに天真爛漫（笑）で。


後日談……この記事を書いた直後の3月9日、地元鹿児島の仲間たちとの、定例スピリチュアル会議がありましました。（何のことは無い、フェミレスでのミニ会議）。

その会議の中で、あるスピリチュアルリーダーの方から、「私は、もう5年も生きられないんだよ、自分の魂が分かっている」という衝撃の告白を聞いたEさんからの報告があり、皆に動揺が起きました。

その発言に対して、私は、「もう3月9日から、マヤ暦260日サイクルにシフトアップしたから、そういう生死の問題は、皆も私も、世界中が例外ではない。これから、多くの人が死んだり、地球を離れたりということが始まるのだよ！」と、つい口に出しました。

そして3月11日、東日本大震災が起こったのです。シフトアップ3日後のことで、驚きました。

翌3月12日、同じメンバーで緊急に集まりましたが、Eさんに開口一番「当たりましたね！」と言われました。「えっ何が？？」と私。先の発言をすっかり忘れていて、言われてから思い出したのでした（汗）。

翌3月13日、16年ぶりに、ある青年が、私の職場を訪ねてきました。

「どうしたの？　久しぶりだね」と言ったら、また開口一番「当たりましたネ！！」と言うのです。「えっ何が？」青年曰く、16年前に私が、「16年後は、大都会には行かないように。放射能・地震・津波が大変だから」と言ったそうです。またまた、自分で言ったことを全く忘れている「変なオジさん」でした（笑）。

ゲリー・ボーネル氏には、中国太古の時代は預言者だったと言われ、白峰先生にはシュメールの大神官だった、と言われていますが、その「癖・サガ」がたまに出るのでしょうね（苦笑）。

災害の意味と今後の動きと地底人

東北大震災は未曾有の災害となりました。被災者の方に、心よりお見舞い申し上げます。

海外メディアでは、略奪・混乱がおきない日本人の協力体制と意識を絶賛していますね。

これは、実は当然なのです。なぜなら、日本人は和を尊ぶ、古代レムリア直系のDNAを持っていますから。日本の集合意識に大きなインパクトが与えられていますが、日本の本気・底力が起動していきますように！

ネット上では、「マグニチュード8、8は違うのではないか！」と、早期から真実を伝えられていないとの指摘がありました。その後、「マグニチュード9」の世界最大級であったと訂正がありました。しかも、三つの地震が重なっていたそうです。これこそ、フルフォード氏の言う人工地震臭いですね！

そして、「原子力発電所」は、想定外の地震と津波には非常に弱いことを露呈しました。原発の本体が堅牢だとしても、バックアップ電源の「ディーゼル発電室」が脆弱であると、外部専門家や市民団体から指摘を受けていたのです。

地震の前日、群発地震が多くなった時点で原発は止めるべきだったと思います。今後、全国の原発も兆候が見えた時点で止めてほしいです。そして長期的には、「トリウム型」か大阪大学名誉教授の荒田吉明先生が提唱する「常温核癒合」に代えて下さい！

今後も、日本全国、どこが揺れてもおかしくありません。心の片隅に「防災意識」を置いて下さい！そして、有事にはどのように動くかを、前もって決めておきましょう。

日本は、特に地震大国ですから、「防災意識」は大事です。宏観異常現象（＊）も意識しましょう！

しかし、一連の火山噴火や地震は、災害という意味だけではなく、日本龍体の再起動、レムリア大陸、ムー大陸の再浮上、領土と資源の拡大、そして日本人の団結と本気と底力を引き出し、今後の大変革につながっていきます。

自身の中心、中今意識が大切です。お互いなにが起こっても「ドン」として引き受け、乗り越えていきましょう！

以下、高次からのメッセージです！

宮城は「竜宮＝地底世界」の顕現という意味もあります。これから日本は、２０１２年に向けて生まれ変わります。最後の最後は「地球の地底存在（先祖）」がサポートします！

全てご心配無く！！

＊「宏観異常現象」とは、大きな地震の前触れとして発生したり知覚される、生物的、地質的、物理的異常現象のことです。たとえば、動植物などが、日常とは異なる行動をしたり、異常な自然現象が見られたりします。日本でも古来から、「ナマズが暴れると地震が起きる」という言い伝えがあります。

地震の発生前には、人間には感じられないレベルのことも多いですが、様々な異常（大気イオン、地電流、地中異変、電磁波など）が発生します。こうした異常を動植物が感じ取り、異常行動などが発生するのではないかと考えられています。

以下のような宏観異常現象がありますから、感覚を研ぎ澄ませて、自然への鋭い感性を復活させましょう！

☆月や太陽の見え方……光柱、太陽の傘、月の傘、異常な色（月が赤い）

☆犬と猫……共通事項として、おびえる。異常に鳴く。激しく走りまわる。やたら外に出たがる。言うことを聞かなくなる。犬なら遠吠えをする。猫は目をショボショボさせる。

☆鳥……夜中に鳴き騒ぐ。羽を大きく膨らませる。小屋に入らない。屋根や木に飛び上がる。異常な数が見られる。またはいなくなる。興奮して集団で飛び上がる。餌を食べない。巣に入らない。悲しげに鳴く。いつもいる場所から逃げ出す。抱卵をやめる。
☆ハムスター等……毛を逆立てて顔を洗うような仕草をする。敷物の下に隠れようとする。
☆馬・牛など……おびえる。暴れる。逃げ出す。
☆魚類……暴れる。頭を水面に近づけ立ち泳ぎ状態となる。水面から飛ぶ。ふだんはいない場所に現れる。川魚が海に、海魚が川に現れる。同じ方向に群れで整列する。漁獲量の変化。深海魚が獲れたり打ち上げられる。
☆ネズミ……いなくなる。人が近づいても逃げない。走り回る。
☆蛇……冬眠から出てくる。人が近づいても逃げない。
☆昆虫やミミズなど……大量発生。
☆音……地鳴り。耳鳴り（超低周波音）。雷のような音。風が吹くような音。爆発のような音。重車両が通るような音。木を折るような音。布を裂くような音。ハンマーをたたくような音。「グワーン」「ゴーン」「ドーン」という音。
☆地下水・温泉・海……地下水の水位、温度の異常、潮の異常干満、海面の変色など。
☆海面……発光（白、赤、藍、三色混合。海底で地震が起きるとメタンハイドレートが浮上し、海面上で青白く発光するという説がある）。色が変わる。気泡が現れる。底が目に見えるほど海面に隆起、または沈降。潮の引き満ちが著しい。

☆発光現象……帯状、放電状、火玉、などの光が見られる。
☆地形・地温の変化……土地の隆起や沈降、傾斜地の亀裂の発生、地温の変化による木々の立ち枯れなど。
☆電気製品の不調……起動音の異常。リモコンの動作不能。故障が多くなる。電源が勝手に入る。テレビは縞が入ったり、画像が全く映らない。ラジオなどはノイズが出る。感度が落ちる携帯電話の不調や、バッテリーの異常な消耗など。
☆電波時計の不調……不受信が多くなったり、受信が遅れる。

他、地球電磁現象・電磁波の伝播特性・地下水の水位・地電流や大気中のイオン・帯電エアロゾル濃度などの異常な変動。

また、2010年1月28日に、防災科学技術研究所が、月や太陽の引力が地震の引き金になる可能性が高いことを発表しました。月の引力と太陽の引力が重なる満月や新月の日は、最大でプラスマイナス60センチの地盤の変動が起きるため、地震の引き金になると考えられています。

これから起こることの「本質」と「地球維新」 笑え！ 陰謀論者

このところ、子供たちに関する不安や、災害の後、この先どうなるのか？ など、色々とご質問を受けています。

以下、私見で回答申し上げます。

子供たちのことは、大人は心配しなくても大丈夫です。

この時代に生まれた子たちは、インディゴ・スターシードとして「覚醒の時」を迎え、大人ほどには動揺もなく、スムーズに自ら覚醒します。

未曽有の大災害でしたが、実は、まだまだ序章です。人類と日本が物質偏重の状態を反省し、根本を直すまでは続きます。

その中で、生き残る人、去る人と分かれます（ゲリー・ボーネル氏も、地球を去る人が増える〈別次元へ移動したり・故郷の星に帰還する〉と著書で言及しています）。

ほんとうに大きな視点からは、全ては善悪を越えた本人の「カルマ」と「選択」であり、自己責任です。

リポット・ソンディの深層心理学によると、「選択」には、家族的無意識が「衝動」となって働きます。平時にも、災害の時にも、右に行くか、左に行くか、今逃げるか、様子を見るか、運命・生死の分かれ道につながる「選択」です！

だから、普段から個人の浄化に加えて家系の浄化も必要なのです（ゲリー・ボーネル氏も、西洋に無い、先祖を大事にするという日本・東洋の習慣を讃えています）。

現在、個人の覚醒者がだんだん増えているので、個人のカルマや家系の浄化などは宗教に頼らなくても可能な時代になっています（浄化や覚醒ができていない宗教も多いのでお笑いです！　真贋は、ご自身で見分けて下さい）。

そして、大災害を目にしても、政府が悪いとかいう判断や、従来の善悪の価値観は超えてください。自身の不安を現実界に投影しないことです（不安は、意外とエゴかもしれません）。

大事なのは、「日本に住むという覚悟」です。テレビを見て不安にかられて買い占めをしたり、チェーンメールに踊らされたりしないようにしてください。

あちこちで集団で祈りを捧げていますが、私は本音ではあまり意味がないかなと思っています。

大難を小難にという意味や、冥福を祈るという点では確かに意味はありますが……。この大国難は「陰謀」や「天罰」というものでもなく、あまりに物質偏重の状態になっていることを全国民が気づき、改心するために起こっているので、変化する大きな機会でもあります！

広島・長崎では多大な悲しい犠牲を伴いましたが、大戦終結の転換点でもありました。

今回の原発災害は、日本の技術をもってしても、原発が安全では なかったことが証明され、世界的な核廃絶、原子力発電廃絶への雛形になると思います。

平気で有害物を使用して儲ける、地球を痛めて儲ける、人々もそれを受け入れている、このような地球社会の限界が、現在とこれからの危機の表出につながっているのです。

・食料危機があるから、農業改革がおこる！
・エネルギー危機があるから、外圧を越えてフリーエネルギーがいずれ表に出る！
・人間自体の限界がきたから、新人類へ覚醒する！！

全ての危機は、根本転換のチャンスでもあります。

陰謀論に終始していては、「夢」と「解決」と「出口」がないのです。

ましてアセンションは、大量殺戮ではありません。限界が来たから、人類が進化、能力アップするのです！　映画「X−MEN」のように。

このことは、スピリチュアル系の人は よく分かると思います。事実、周りに能力者が増えています！

陰謀論は、スピリチュアル系の人にも理解できますが、常識を外すための、ただの「入口」にすぎないですね。

陰謀論に終始する方に言いたいのは、「新人類へ進化するという解決の道」があるということです。陰謀や天罰などではなく、地球意識と人間の集合意識が連動して、NEWバランス「半霊半物質」を目指すべく、日本と世界が未体験ゾーンに入っていく！

これこそ「神一厘」の危機にあって、本当の改革と本当の覚醒への一大転機、これが、「地球維新・宇宙維新」の始まりです！

不安を持たないこと。災害にばかりフォーカスしないこと。大事なことは、それぞれの方のカルマ解消と自己覚醒が優先するということです。

私たちは、地球人の体を借りた「中身は宇宙人（笑）」地球維新を体験に来たんだよネ？

何が起こっても自分の運命に「自信と責任」を持つ。

笑いましょう！

これからのジェットコースター体験で何がくるか？　とにかく楽しんで体験しましょう！

放射線にきく食べ物（垂水区茶屋の未亡人さんより）

今回は、阪神大地震の180倍のエネルギー規模の地震だったそうだ。株式・為替の介入や経済損失で、約50兆を超えるようだね。

婆ちゃんは、福島第1原子力発電所の近くの人に味噌汁をたくさん食べてほしい！　放射線には味噌汁や発酵素がいいよ。婆ちゃんは味噌汁をたくさん食べて、戦争や被爆や、更年期障害や認知症を全て克服したよ！

暗い話より「生老病死」のテーマでいい話題を提供しなさい。

陰謀は貧乏だよ。人の心を貧しくする。

相撲の八百長より凄い国家謀略は、むしろ陰謀でなくて国益だよ。

人生85年、なんでもあった！　今はゲルマン民族ならぬ、日本民族、大移動だね！

ついに判明？　地震は「雲」で予知できる!!

なんと、雲の形状を詳細に分析して、地震発生の2週間前、1週間前、3日以内、直前の4

つのパターンで予測が可能だそうです。You Tubeに動画が出ていました！

地震雲をバカにする学者がいましたが、このVTRでは、「物理実験」で証明しています！！

グラフで表示されていましたが、先の4つの時期で電磁波の強度が違い、雲の形状が変わるというのです！

まず、2週間前は筋状・帯状の雲、1週間前は並状・放射状の雲、そして3日以内になると直立型・竜巻型、いよいよ直前になると、重くのししかかるような大きな固まり状の雲になるそうです。これで、ある程度 予測が可能になりますよね？

物理的な実験で証明しています。

「地震雲」の動画、約11分です。是非ご覧下さい。

http://www.youtube.com/watch?v=DXwr2aTZuy8&feature

「放射能」と「放射脳」（天下御免旗本退屈男より）

力があって影響を与える人間が、放射脳、則ち脳の意識から発信するエネルギーは大きな影響がある！

共通意識や共通無意識。潜在意識や洗脳意識。全て、人間が抱く想い。

放射脳がいかに影響を与えるかといえば、集合無意識が中東の反政府運動を引き起こしたと言える。

2011年5月号の「学研ムー」に記載されている「人間の無意識は大事件・大事故・大災害に反応している！　世紀の心理学実験『全地球人類意識計画』」（文・南山宏）を参照されたい。

追伸・食糧危機から始まる暴動は、穀物市場も暴騰させ、戦争や天変地異へ導く！

大切なのは、「いかに生きるか」「いかに生かすか」「いかに想うか」なり。

鹿児島UFO談……有名で影響力のある方々の弁は、多大な影響を及ぼします。影響力があるほど、情報の中身は精査が必要ですね。

エジプト、チュニジアなどでは、以前は反政府運動がスグに鎮圧されていましたが、今回はFace Book、TWITTER、動画サイトYou Tubeなどがおおいに貢献していました。

情報（秘密計画など）の共有・連絡・拡散が可能になり、これまでにない大きな連携がされた反対運動が出来ました。

普段なにげなく使っているインターネットは、集合意識・集合無意識にも多大な影響を与えますね。そして、様々な段階や2極化があります。

（1）情報アパシー（ネットを使える人と使えない人）

（2）表情報（新聞・テレビなど）が情報源の人と、ネットや書籍やＤＶＤなどで裏情報も知っている人

（3）陰謀論やスピリチュアルを分かっている人と分かっていない人

（4）陰謀論で止まってしまい、本格スピリチュアルにまでは　踏み込めない人

（5）スピリチュアルを知っていても　地球維新は　知らない人

（6）スピリチュアルや　地球維新は知っていても、実際にカルマやトラウマを解消するところまで行ける人。行かない人。

（7）覚醒にまで至る人、覚醒途上の人、覚醒しない人

あなたはどの段階にいますか？　どこまで行きますか？

日本超再生「不沈空母化計画」超重要提案！（垂水区茶屋の未亡人さんより）

今、エネルギーを始めとして未曽有の危機、陰謀論も大沸騰、日本全体への影響が出ています！　その中で、垂水区茶屋の未亡人さんより超コアなご提案を頂きました（ありがとうございます）。

エネルギー効率200倍。安全性800％。

原子力発電でなく、石油や原子力利権に振り廻されない新しい「フリーエネルギー」の国策指導をすべし！！

日本の海洋海底資源、レアメタルや石油やメタンハイドレードなど、潜在的な資源を担保として3000兆円規模の「徳政令」を出すべし！

復興基金は50兆円は必要！「空海とフリーエネルギー」（放射能もれ無し！）則ち、人工衛星から太陽光発電をしてプラズマ化した電気の送電と、海の海洋温度差発電（1兆キロワット発電可能）と、ブラウンガスとオルゴン発電所の新設を推奨。石油や天然ガスや原子力に頼らない！　日本が「エネルギー革命の雛型」になる！

「陰謀論をはるかに超えて！」

アメリカの覇権、占領計画について。アメリカ本土よりアメリカ米軍が半分以上日本に移転すれば日本と運命協同組合になる。地震兵器も占領計画すらも超越した運命協同組合だ。

アメリカはイエローストーン（北アメリカ最大の火山地帯に位置する国立公園。過去210万年の間に3度の巨大噴火が発生した）の爆発が始まったら、極東日本に中枢を置かざるをえない。沖縄基地の問題なんて吹き跳ぶだろう！

アメリカの金融や防衛全ての機能システム、そして地政学上の知見や軍事防衛上のバランスから半分以上の機能を移動させないと、アメリカは崩壊する！

日本が溶けて、アメリカを融合させる！　逆に最高機密であるアメリカ合衆国の雛型が中華中国となり、日本は中枢機能を持つ！

これからは日本の時代。対日戦略が極まれば、則ち将棋の千日手《せんにちて》になる（笑）（千日手とは、将棋で、双方が同じ指し手を繰り返し、局面が進展しないこと）。

鹿児島ＵＦＯ談……アメリカＧＨＱ占領以来の呪縛を解くスゴイ提案ですね！

政治家の皆さま、党派や立場を越えて動いて下さい！　陰謀論に終始している皆さま、この知見が解決のエッセンスです！

3次元の現象は、皆のカルマと集合意識の総体ですから、自己のありようは全体に対しての責任があります！

外界批判で毒づくよりも、お互い自己の浄化&覚醒に目を向けましょう（笑）。

被爆症状と簡易対策とあなたは宇宙人レベルか？

関東や被災地近辺にお住まいの皆さん。頭痛、吐き気、悪心、異常なのどの痛みやだるさを感じたら、被爆症状の可能性がありますから、すぐに昆布類や塩気の強い味噌汁を食べて、トルマリン、花崗岩、スミソナイト、クアトロシリカ、ラジウム鉱石などを身につけて下さい。

放射線は、日本や世界中に飛散しつつあるとの情報もありますが真偽のほどは分かりません。

エハン・デラヴィ公が訳した「パワーかフォースか」に、「意識レベル」という考え方があります！

意識レベル「800以上」は「神」、「高次宇宙人」のレベルに入っており、放射線の影響を受けないようです！　レベルの高い情報は、すでにそうとうアセンション的な意識レベルが高い方でないと辿り着けませんし、仮に読んだり聞いたりしても、頭にもハートにも入りません。
意識レベルを高めようとしたら、常識の壁をたくさん乗り越える必要があります。
(個人個人が、攻撃や批判をすることなく、波動を高めておくことで、何が起きても泰然自若でいられるようになってます!)

温故知新　仏教とアセンション　死を恐れるな!

今、大変な事象で心身ともに混乱している方も多く、被災された方に感情移入をしすぎたり、更なる災害が来るという恐れをいだいたりされているようです。しかし、自身のバランスを崩してはいけません。大変な時こそ、胆力を強め、泰然自若として生きましょう! 生も死も表裏で続いていますから、怖れることなく!

仏教では、涅槃(=ニルヴァーナ=アセンション)には、「無余依涅槃(むよえねはん)」と「有無余依涅槃(うよえねはん)」があると教えています。

つまり、死んでアセンションする人と、死ぬ前にアセンションする人がいるのです! この人生のドラマを、最後まで獣化せず、自分自身として楽しみ、自己責任で生きましょう!

ここで、温故知新（古典・昔からの叡智を参考に今の問題を考える）、「仏教」を参考にしてみましょう！

まず仏教の原点は、「人生の無常」を感じるところからスタートです。

「四門出遊」のお話。釈迦が出家する前、まだ太子のとき、王城の「東・西・南・北」の四つの門から出掛け、それぞれの門の外で、老人・病人・死者・修行者に出会い、なにひとつ不自由のなかった釈迦は、その苦しみを見て、人生に対する目を開き、出家を決意したという逸話です。

四苦八苦（人間・人生の苦しみに気づくこと）

「四苦」は生・老・病・死・の四つの苦しみ。「八苦」はその「四苦」に「愛別離苦《あいべつりく》（親愛な者との別れの苦しみ）」、「怨憎会苦《おんぞうえく》（恨み憎む者に会う苦しみ）」「求不得苦《ぐふとくく》（求めているものが得られない苦しみ）」「五蘊盛苦《ごうんじょうく》（心身を形成する五要素から生じる苦しみ）」を加えたもの。

その解決策としての釈迦の4つの悟り「四聖諦」が、つまり「苦集滅道」です。

（苦）お前苦しいか？

（集）それは苦しみの原因を、自分で集めているからだよ！

（滅）苦しみの原因を、滅していけばよい！！

（道）それには、道＝方法がある

その「道＝方法」とは、「八聖道（八正道）」であり、涅槃（アセンション）に至る修行の基本となるものですが、実は、正しさの追求というより、高次バランス再構築の道なのです！

「正見（見解）」「正思惟（思い）」「正語（言葉）」「正業（行い）」「正命（生活・なりわい＝衣・食・住・財を不正によって得ない）」「正精進（アセンションに至る積極行動）」「正念（アセンションに至る分別や思い）」「正定（アセンションに至る瞑想やワーク）」

あとは、実際の修行カリキュラムとして「七科《しちか》三十七道品《さんじゅうしちどうぼん》」（ここでは割愛）があります。

根本（原始）仏教は、このような釈迦の講義・瞑想・托鉢などだけで、実に「シンプル」だったのです！

後世になって大乗仏教が流行し、「修行・瞑想」が「信心」にすり替えられ、コアな釈迦のアセンション課程は全く失われましたが、そのうち、後期大乗、禅宗や密教が出てきて、釈迦のアセンション修行の課程はある程度は復活しました。

しかし、現状の日本伝統仏教　宗旨宗派分裂のまま、葬式仏教化し、期待の新宗教系も教祖が一番、信者は下の構造を脱却できません。

水瓶座への変化、アセンションも知らず、ガイドも出来ず、この数年２０１２年～２０２６年の大変革も、ほとんど分かっていませんね。

中津川昴さんの、次のツブヤキがオモシロかったです。

【警告！ レベル7】 霞ヶ関やテレビ局から多量の「ウ素800」が漏出しています。精神衛生上、ただちに影響のあるレベルです。気をつけてください。

チベットが教える正しい死に方（？）

ある程度のスピリチュアルな素養や武士道精神がないと、「死」を前にすると恐怖が強くなるようです。世の中、「死に方」を教える本は少ないですが、「チベット死者の書」（筑摩書房 川崎信定訳）はお勧めです。

（内容「BOOK」データベースより）死の瞬間から、次の生を得て、誕生するまでの間に、「魂が辿る四十九日の旅」、いわゆる中有（バルドゥ）のありさまを描写して、死者に正しい解説の方向を示す指南の書。それが「チベットの死者の書」である。ユングが座右の書とし、60年代にはヒッピーたちに熱狂的に受け容れられ、また脳死問題への関心が高まる中で最近とみに注目を集めている重要経典を、チベット語の原典から翻訳した。

憎しみ・思い残し・悲しみ・執着など、マイナスの感情は捨てて、とにかく、死んだら気絶しないこと（笑）！　意識を保って、「クリアライト・光」の方へ行くことです。

へミシンクでは、意識を保てずすぐに寝てしまう人が多いですが、眠りに落ちそうな時点で少し我慢して、意識を持ったまま半覚醒・半睡眠の状態にいくのが大事です。

実は、へミシンクは死ぬときに気を失わないための練習にもなります（笑）。

それと、死んだ時は、今までのセオリーであった三途の川に行かないように（笑）。そこだと不成仏霊となってまた輪廻転生をしますので、三途の川・幽界は飛行して超え、冥界以上の高級霊界・神界の方へ、と言いたいのですが、幽界・冥界・霊界は消えつつあるようです。

ゲリ・ボーネル氏によると、アセンションの大きな波がやって来る「光の12日間」では、すべての生物の光やオーラが見えはじめる「アセンション成功組になる人達」「途中で眠ってしまう組」「怒りや葛藤が強すぎて亡くなる組」と3つに分かれます。すでに亡くなった方でも、地球のエーテル体に残っている人々は、生きている人達と同じように、

「光の12日間」を体験して、「覚醒組」「無意識に落ちる組」「葛藤が強すぎて消滅する組」に分かれます。

２０１２年の少数派「覚醒・先発隊」は、約10年かけて多数派

「途中で寝てしまった組」を　覚醒（次代地球対応型）に導いていきます。

震災復興と今後の対策〜大提言とその財源

またしても、超コアなご指南を頂きました（ありがとうございます）。

政界・官僚・財界・行政・文化事業に関わる皆さま、それ以外の皆さまも、集合意識としての役割がありますので、よろしくお願いします！

タイトル
「日本再構築復興55兆円予算枠」

震災の復興に10兆・津波の対策に10兆・原子力変換に10兆・地方再構築に10兆・東南海地震に10兆・予備計上で5兆。

これから起きる全てに。災害に対しても、万全な対策だよ。

関東東北だけにあらず！

地震・津波・原子力・エネルギー革命、さらに食糧備蓄、災害生活保障・金融にも予算を組むように。

その予算は、アメリカ国債の半分を売却して、新通貨「アメロ」（アメリカ合衆国、カナダ、メキシコの3国が北米通貨連合となる構想があり、その通貨〈USドル、カナダドル、メキシコ・ペソ〉が統合され、新しい単一通貨「アメロ」が、導入されると考えられている）で頂きなさい！

残りの国債は、在日米軍の総編成予算と、アメリカが日本を守るボディガード予算に使用。日本が購入した100兆円の米国債はこれで生きる！　損して得取れ！

既存の米ドルはもう要らない！　新通貨「アメロ」で頂き、日本銀行が受け取って復興債権を各銀行に分配。

現金でなく、全て国・自治体・銀行だけの「数字決裁」とすればお金は動きません。だから、ハイパーインフレにならない。

IBMやICBMでなく、IMFの本来の運営責任者に提案致します。

鹿児島UFO談……次のアメリカ通貨は、アメロ説　レインボー説がありますが、NESARA＝レインボーという説は、まだ先かもしれませんね。いずれにしても、ウルトラCの通貨が出ることでしょう！　　復興&対策案を、よろしくお願いします！！

封印されている日本の新技術を表に

ヤマト大作戦イスカンダル（放射線除去）プロジェクト

幕僚の底力　その1

広島国際学院大学が研究している光合成細菌微生物ロドバクタ、フスエロイドが、放射性物質を磁石のように引き寄せる！

助成金がカットされて、実用化最終段階で泣く泣く研究断念していたが、今回の原発事故で再スタートしました。放射線で汚染され　海水の処理に最適です。

広島国際学院大学　光合成細菌微生物放射能回収技術の記事

http://www.hiroshimapeacemedia.jp/mediacenter/article.php?story=2008051217501978_ja

幕僚の底力その2

原子炉解体に秘密兵器！（中央大学　理工学部）

アークプラズマで一万度の高熱で放射線をプラズマ処理して無害化！　さらにそれを応用して絶対零度、氷結爆弾で炉芯温度を下げ、放射線を遮る亜鉛合金釜で　炉芯ごとフタをしてプラズマ処理解体する！　アメリカ米軍のプラズマ処理部隊に依頼するとよい。

アークプラズマの新利用技術　廃棄物の減容と無害化に向けて
中央大学　理工学部　稲葉次紀教授
http://www.chuo-u.ac.jp/chuo-u/randdev/f02_05_32_j.html

鹿児島ＵＦＯ談……超妙案をありがとうございます！

蓮舫議員が２０１０年の事業仕分けで、災害対策費を３０００億円削っていたと批判されていましたが、こうした素晴らしい研究への費用もしかりですね。

他にも、大阪大学荒田名誉教授の常温核融合、大政社長の酸水素ガス、鹿児島水素エネルギー研究所渡辺社長の水素自動車、木内鶴彦さんの総合循環システムなどなど……、フタをされている日本の新技術を表に出してください！


日本とユダヤの驚きの共通性。全ての対立よ、なくなれ！


初代神武天皇以前の日本神話系図は、旧約聖書によるエフライムの系図と全く同じですね。

超驚きの相似形です！

これは、日本神話が書かれた当時、天皇家をユダヤのエフライムに見立てたい、しかも聖書をよく知っている伝承者、または筆記者が意図的に創作した物語であると言えそうです。

……と、あるブログにはユダヤが先で日本がマネたように書いてありますが、実はユダヤが先か、日本が先か、という土俵でもなく、神話の雛形はもっと古い時代のパンゲア、レムリア、アトランティスから来ていると思います。２０１０年、ゲリー・ボーネル氏とそのへんのことも語り、同じような見解でした。

日本・ユダヤのみならず、世界各国の神話に共通性があるのは、こうした理由からです。

関連して、「秦氏」（ユダヤ十部族？）のことを私たちは深く知っておく必要があります。

そこで、中今（白峰）先生オススメの本が、「秦氏の秘教」（学研・菅田正昭）で、とても内容が濃いものです。

とくに、秦氏、藤原の霊系&血脈の方へオススメ！

内容「BOOK」データベースより）日本文化の基層を築き、

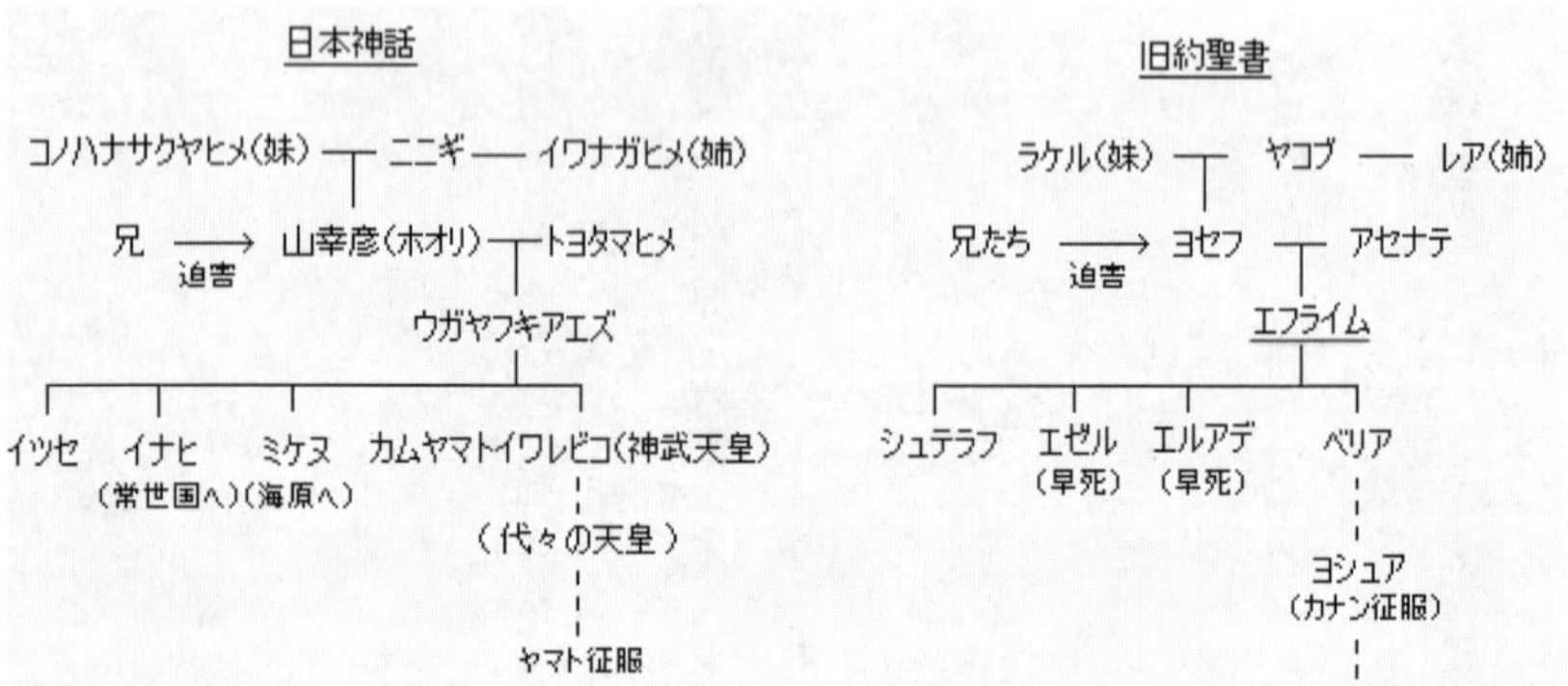

神秘のベールに包まれる謎の渡来人秦氏。神道はもとより、陰陽道から修験道まで、闇の呪術や異神を操る彼らは、遠くシルクロードの彼方からやってきた。古代ローマ帝国やペルシア、インドなど、異国の香り漂う秦氏の秘教と知られざる霊統を紐解く。

秦氏を非常に多角的に分析紹介した本ですが、とくに「17章」は忍者としての秦氏、役小角《えんのおづぬ》（役行者《えんのぎょうじゃ》）、修験道との関係も記されています。

日本の修験道開祖の役行者

下の写真、ユダヤの装束と日本山伏はそっくりでしょう？そして伊勢神宮も原始キリスト教……。私たちは　レムリア、アトランティス、シュメールにまで原点回帰してから再スタートです！

温泉評論家光悠白峰先生推薦。ゼロ磁場、秘湯のご紹介！

今、日本列島で、新しい地殻変動によりゼロ磁場の温泉が新生している。
長野県八ヶ岳の唐沢温泉や広島仙酔島の温泉が有名ですが、新たに、日本の中央岐阜県美濃「神明温泉」が話題です！（笑）
神明温泉の秘湯、すぎ嶋はお勧めです。(http://www.sugishima.com/)
歴代総理大臣や、財界だけでなく、海外の要人が大変好む、話題性ある温泉です！

「パチンコと自動販売機と原発」　国常立尊はお怒りです！

都知事選で4選した石原氏は、2010年4月10日夜、都内の事務所で報道のインタビューに応じ、福島原発の事故による電力不足について、
「パチンコと自動販売機で1000万キロワット近く使っている国は、日本以外にない。福島の原発と同じ（出力）だ。
こういう生活様式は、改めたほうがいい。（節電のために）国は政令を出せばいい。パチンコ

する人は我慢なさい。自販機がなくても生きていける」と持論を展開しました。

NHKテレビの生中継中に、石原都知事が「パチンコなんて電気の無駄遣いだ。やめちまえ」と爆弾発言したところで、ブツリと中継が切れました（笑）。

以下、2ちゃんねるでの反応です（笑）。

「よく言った。さっさとやれ」「有言実行でお願いします」「良識ある発言」「NHK、あわてて中継切ったな（笑）」「多分この発言はもう報道されない。録画しとけばよかった」「パチンコ屋や自販機がなくなったら、実際どのくらい節約になるのか？」

石原氏の発言が事実なら、パチンコと自販機を止めましょうか？　私は、辞めてもイイです。

NHK報道で言っていた試算によると、自販機2台の1年間の消費電力と一家庭の1年間の消費電力は同じだそうです。


鹿児島UFO談……「パチンコと自販機」は、テレビで物議をかもしましたね。

自販機を設置している業界側は、石原氏の電力試算が大げさだと言っていますが、実は私も、自販機が数メートルや数十メートルおきに置かれていること自体が異常だと以前から思っていました。

電気のムダもありますが、スーパーやコンビニも近くにあるところは、もっと不要ですよね？　自販機での利益は、メーカーと設置される土地の提供者で分配されます。お金・利益を追求するための自由が優先で、原発を未だに止めず。地球・資源・環境・人間の健康などは、後回しで無視されます。こうしたことは、、現・資本主義の最大の弱点です。

（こうしたことについて、今、神々がお怒りです！　国常立尊（国常立太神）も、「この根本が変わらなければ、日本を沈めるゾ！」とおっしゃっています）

自販機に関わる業界は死活問題と反対論を展開していますが、このような一大有事の時は、例えば業界自体を別のかたちに大転換させるとか、大英断・オオナタが必要です。民主主義・自由競争・自由経済の下での弊害もあります。お金の問題と業界擁護、賛否両論で、いつまでも絶対に まとまりません。そうか、今の人間社会には、「霊性」が足りないんだね！？（民主党が、ネット規制法案を秘密裡に通した、という噂がありますが、本当でしょうか？）

もし、名君のいる「王政社会」ならば、上意・お上のお達しで、即決・断行・改革です！

アセンション・地球維新完了後の地球社会はユニティ（統合）の時代になりますから、現在はまだ幅をきかせている身分・血統・財力・地位などは関係なくなります。テレパシー会話・ウソがバレる・お互いに本音やオーラが見える・明らかに霊的な階梯（到達レベル）がはっきりと見えるようになるのです。

霊的な階梯（レベル）の高い者が必然的に指導者になり、現社会のような、力のない二世議員とか、悪の権化なのに聖職者をしているような、まやかしのものはなくなります。

しかも、缶コーヒ等の白砂糖問題・清涼飲料水の添加物問題（フリーラジカル・染色体を傷付ける成分）・缶の内側の錆止め用コーティング剤問題・ペットボトル系のビスフェノール問題などがある明らかに有害性のものを厚生省の基準内というカクレミノを使って、平然と売っているわけですから、もう、そうしたものを製造・販売している業者や自動販売機関連の業態自体、消してもらっていいと思います。

消費者庁があるのに、添加物食品や経皮毒を有する日用品が、今も売られています。政府は、農林水産・食の再生・循環型社会への転換へ、労働人口を大きく振り替えるべきです。

それからパチンコ業界。不況で　パチンコを生業にしている人もいますが、それで食べられる人はごくわずかです。店内の空気も悪いし、感覚をマヒさせる音や音楽も殺人的です（笑）。

私も、10年ほど前に大工の源さんでひと月に約30万円もうけてからパチンコにはまり、翌月60万円を損して引退しました（笑）。

韓国&朝鮮系の大パチンコ店がどこの地方にも展開しており、大量のお金が朝鮮半島へ流れています（国益を損ねています）。

統合の時代に向かっていますので、良い悪いの判断は超越していくべきなのですが、大儲けする人がいる一方、多くの損する人がいます。一大有事の今は、やはり不要の業種ではないでしょうか？

原発が無いと困るという洗脳放送も止まりません。代替エネルギーやフリーエネルギー的なものは、色々とあります。

政府のカジとり、欠（菅）だらけ（？）で、陰謀論者的な方々は、外への批判がメインですが、どうにもならない社会現象は、個人個人のカルマの集積と、従来の固定観念から脱却できていないことによるのです！　スピリチュアル革命「地球維新」さらなる促進・大加速が望まれます。

「原発・正力・CIA」原発問題の総括

今だから、読んでほしい本を紹介します。

「原発・正力・ＣＩＡ」（新潮新書　有馬哲夫）

国会で、福嶋みずほ社民党代表が、津波と地震は「天災」で原発原子力は「人災」で、政府、政治家の責任だと言っていました。その内容の一端が、この本に詳しく書いてあります！

出版社／著者からの内容紹介

一九五四年の第五福竜丸事件以降、日本では「反米」「反原子力」気運が高まっていく。そんな中、衆院議員に当選した正力松太郎読売新聞社主とCIAは、原子力に好意的な親米世論を形成するための「工作」を開始する。原潜、読売新聞、日本テレビ、保守合同、そしてディズニー。正力とCIAの協力関係から始まった巨大メディア、政界、産業界を巡る連鎖とは……。機密文書が明らかにした衝撃の事実。

第1章　なぜ正力が原子力だったのか／第2章　政治カードとしての原子力／第3章　正力とCIAの同床異夢／第4章　博覧会で世論を変えよ／第5章 動力炉で総理の椅子を引き寄せろ／第6章　ついに対決した正力とCIA／第7章　政界の孤児、テレビに帰る／第8章　ニュー・メディアとCIA

鹿児島UFO談……オカルト本ではない、マジ本です！　マスコミを主軸とした、政治・産業・民意の壮大なコントロールを暴露した内容。

それから、2011年4月11日号の「週刊現代」に、原発の危険性を訴えたら監視、尾行、迫害され続けた京都大学の原発研究者【熊取6人組】たち、という記事がありました。

東京大学では、稲恭宏教授が放射能は安全、被曝したものをドンドン食べろとか、放射線を浴びろとかいう講演をしていますね。

(YOU TUBE http://www.youtube.com/watch?v=qH9zpP7of6c)

それに対して、小出章裕京大講師（原発反対派「熊取衆」の一人）の講演は、次の動画で見られます。

(YOU TUBE http://www.youtube.com/watch?v=4gFxKiOGSDk)

京大の原発反対派が住んでいた地区が「熊取」だったため、熊取6人衆（または7人衆）と言われていましたが、「原発・正力・CIA」のような、民意・社会コントロールが行われる中で、反対派は研究費を削られ、イジメ迫害を受け、驚くべきは「監視・尾行」まで付けられたと！（まるで植草一秀教授が、権力者の逆鱗に触れて濡れ衣事件にハメられた事例のようですね）

ブログ「真実の扉」(http://blog.goo.ne.jp/tobira2002 2011年4月10日）より引用
「今中哲二氏と小出裕章氏の2人が出演した、1時間のドキュメンタリー番組「なぜ警告を続けるのか～京大原子炉実験所【異端】の研究者たち～」が2008年の秋に毎日放送で放映されました。地元の関西電力は、この放映に対して猛烈に噛みつき、毎日放送の番組すべてから広告を引き上げ、毎日放送の幹部に、原発がいかに安全かとの講習を受けるよう要請したそうです。」

小出助教は、原子力利権に群がる産・官・学の「原子力村」の存在を指摘しています。

大手電機メーカー、土建業者なども加わっており、原発建設に群がった大学の研究者らがこれにお墨付きを与えました。大学の研究者たちが「魂を売る理由は、研究費欲しさ」とのこと。お金を超越しないとユートピアにはならないし、行けない。まだまだ試練は続くということです。

福島原発で、安全神話（正力・ＣＩＡ・マスコミ洗脳）がくずれて、やっと熊取衆の存在と「原発反対意見」が少しずつ表に出始めています（まだ、ローカル局と週刊誌とネット族の間だけですが……）

ドイツ政府では、もう原発廃止路線に変えました！

日本は何してますか？　単純に元に戻すだけの復興ではダメなんです！　資本主義（金儲けと資源浪費）を超えるものを目指さないと！　日本がいますぐ英断できれば、大地震も日本沈もきっと止まりますよ（！？）

先日、ＮＨＫ総合ＴＶで原発の是非の３カ国同時生中継討論会がありましたが、基本的に「原子力は必要」という設定の番組で、表マスコミが情報源の人たちしか出演させていませんでした。

ＮＨＫよ！　裏を知っているネット族を出演させてみなさい。全てが、論破されるよ（爆笑）巧妙な洗脳番組でした。これだから、神々は怒っている！！

原発の是非の議論は10分もなかった感じでしたが、原発要らない派はとても少なかったし、アメリカなんてゼロ（賛成派だけ集めたのでしょうネ）。ほとんどの人は、危険でも原発は要ると！　テレビ・新聞しか見ない人達と裏を知っているネット族との2極化はすごいですね。

さて、お勧めの原発事情　暴露動画を紹介します。

「心からの叫び！　宮崎在住の原発建設時の元現場監督技術者、菊地洋一さんが、中部電力静岡支店で訴えた」

技術者が原発の実態を暴露！・作った側として、そのモロさは致命的と明言。全国的に地震がある以上は、全国の原発を止めて下さい。

特に、浜岡原発を止めるべきです。福島原発・伊方原発・川内原発にも言及しています。

YOU TUBE　菊池さん講演　動画31分（http://www.youtube.com/watch?v=gNWVljrvl3o)

そして、表マスコミ情報の偏向を指摘し、代替エネルギーもしっかりと提唱しながら、原発問題を平易にソフトに語る田中優さんの講演も聞き応え十分です。

約1時間でとても長いのですが、業界利権や外圧の実態、今後とるべき対策がよく分かり、秀逸な講演です！（外圧か、しょっちゅう削除されるそうで、録画できる方は、保存がお勧め）
●田中優氏の原子力と代替の講演
http://www.ustream.tv/recorded/13373990#utm_campaign=twitter.com&utm_source=13373990&utm_medium=social
中今の今から、過去と未来を変えていきましょう！

究極奥義とは……超仰天の遷都計画～地球再生！


北斗神拳～究極の奥義こそ「アセンションと、地球維新なり」メッセージをいただいています。ありがとうございます！

全く斬新で、新しい発想で「遷都」が必要だよ。

皇居は小豆島で、海抜500メートル以上に迎賓館を作る。国連本部は琵琶湖の竹生島国定公園に移し、保養所は広島の仙酔島。

地底に高速リニアモーターカーを作って、江戸城から関西まで33分。

国会議事堂は大阪城に、日銀は愛媛の石鎚山に。

インターネット電脳社会だからこそできる大切な機能がある。

そして、最悪の事態を考え、四国剣山の地底4000メートル地底に帝都を置く。円盤で移動、最先端技師で10万坪の御所を造る。月の裏側にも造る！（笑）

表と裏、宇宙規模、日本再生と再構築の為、エリアを5ブロックとする。
1、九州・沖縄・海洋　2、中国・四国・瀬戸内海　3、関西・北陸　4、近畿・中部
5、関東・東北・北海道（復興のために最大エリアとする）
5のエリアは、中央集権でなく独立自治連邦で、世界連邦の雛型となる。さらに国連機関を、5エリアにおき、資本主義から在民社会の実現、日本分断でなく完成された日本の地方自治体となる。

南極と北極に日本大使館必要。宇宙時代に向け、大陸浮上、地殻変動、太陽フレアーなどを研究調査する。地底世界の入り口。南斗五星に、二つの大使館で、北斗七星となる。

2012年問題以降の、新しい防災対策万全の未来都市となる。エネルギー、食糧、全て自給。歴史の大変換だからこそ、遷都だけではなくすべての機能を変換させる。対日工作は、対

日耕作に、更に、対米孝策に変わる！

管さんが総理大臣を辞めても、小沢総理が誕生しても、消費税20パーセントになっても、金融システムや憲法が変わっても、普遍性なければ国躰は変わらない！　地球人類の意識変換が必要です。

白峰氏は、天皇家は太陽の中に遷都して太陽系レベルの文明開花「地球維新」とすると23年前に提言しました。今、最先端科学者には、太陽は暑くなく、大地も水も有りと、斬新過ぎる意見もあります。宇宙規模の遷都論（笑）です。

追加のメッセージです！

遷都は岡山、皇居は小豆島で、御所は四国剣山。

国会議員は、自宅からのネットテレビ中継などで政見放送。年収１２００万円、参議院は要りません。全国の地方議員定数を半分に、三期までとする。ただし年齢制限はなしとします。

内閣総理大臣も、国民投票で選挙する。

この遷都論は、再浮上予定の、ムー大陸や日本国土とも繋がります。

鹿児島ＵＦＯ談……超壮大な遷都計画ですね！　本当に、政府には頼れない現状で、目先の利権・利益追求ばかりで、国家100年の計をリードできる政治・行政ではなく、全てがかんじがらめの様相です。

根本的な解決は、人間のレベルが飛躍的に向上するしかない。それが、アセンションです！フリーエネルギー・食料自給・安全な農林水産業・ほか循環型の産業&社会を再構築！！

そのための、神仕組みとしての「天変地異と社会崩壊」、このような現象が起きないと、今までのガンジガラメは変えられない！（今でさえ、構造が変わってないので、天変地異は止まらない）本当に天変地異を止めたいなら、人間が、日本が変わり進化せねば！ネバーギブアップです！

これから、日本も世界も混乱の中で、石油利権・原子力利権・金融利権などの外圧を受けない状況が生じてきますので、5地区の自治で、本当に良い社会を再構築していきましょう！！

今後の中期予測を考慮に入れた復興と移動を！

遷都案を受けまして、垂水区茶屋の未亡人さんよりメッセージです。

岡山、小豆島、剣山、まるで古代ユダヤだね！　江戸の仕組みは、美濃尾張だよ（笑）。

北陸東海自動車道のインターの、日本のど真ん中の石がある、美並の観光サイトを見なさい！

名古屋の機能を最低限維新して、遷都は海から50キロ離れ、海抜５００メートル以上が最低安全ラインだよ！

名古屋の役人さん、20年以内の中京都府計画と、遷都計画を立てなさい。風水都市の企画案を作りなさい。少しは、東日本だけでなく西日本も考えなさい。

大阪は、千葉浦安と同じ（液状化？）。京都琵琶湖や敦賀文殊よりも、やはり美濃美並だよ。

岡山は漢一族の磁場。京都は、秦一族の磁場。尾張美濃は、物部氏の磁場。四国は、忌部氏の磁場。婆ちゃんは、西方浄土、阿弥陀様の所に、遷都するよ！（笑）

婆ちゃんの遺言、送ります！

鹿児島ＵＦＯ談……全国の皆さま、遷都・都市計画、よくよくご検討下さい！

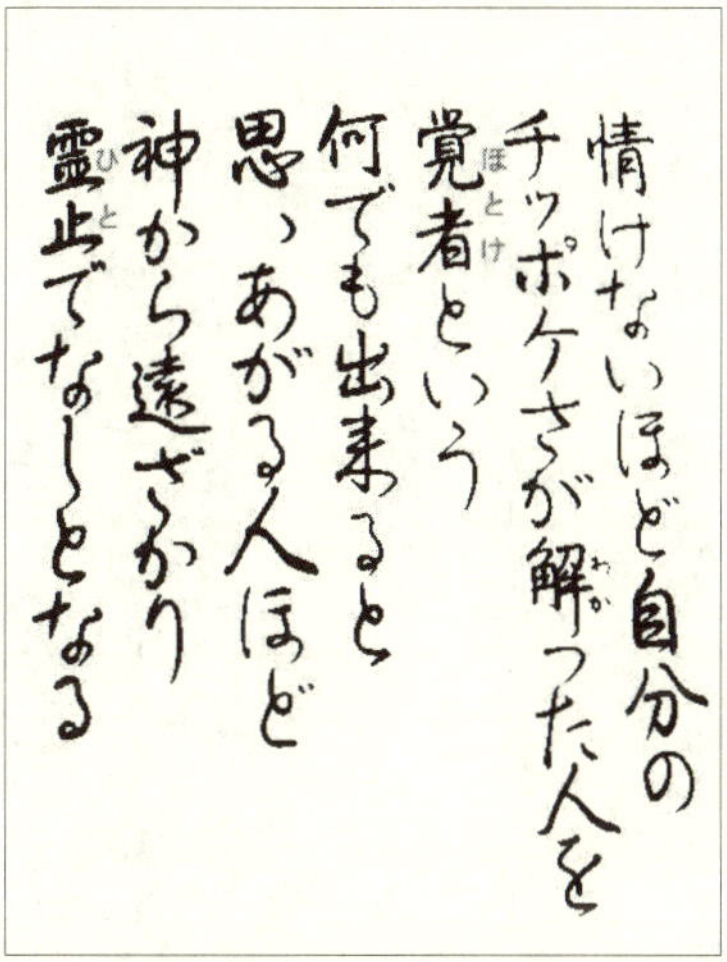
情けないほど自分の
チッポケさが解《わか》った人を
覚者《ほとけ》という
何でも出来ると
思いあがる人ほど
神から遠ざかり
霊止《ひと》でなしとなる

ただいま、福島、宮城も復興中ですし、全国でも　様々な対策を検討していると思われますが、一昨年　ゲリー・ボーネルさんとも話したら、日本中が水をかぶりやすいと言われていました（マル秘）。全国的な事象を考慮に入れた、綜合的な復興対策を！　再度沈む可能性が高い地区に住宅を再建しても徒労になります。

大陸浮上の前に5年ほど先（？）と思われますが、過去の地球エーテル体が吹出し、いったん日本・世界は水をかぶる可能性がありそうですので、より内陸　より海抜の高いところに各地の中枢や居住区を準備しておくべきかと思われます。

ただし、国常立尊から、「日本と日本人が根本から変わらなければ、日本を沈める」の警告がありますので、マスコミ洗脳マトリクス社会からの脱却が急がれます！

海抜500メートルは、鹿児島では霧島の温泉街あたりです。パソコンで、グーグルアースを無料ダウンロードすると、世界、全国、あなたの町も自宅も、海抜を確認できます。ちなみに、わたしのところは、海岸より約900メートルで、海抜8メートル。

東海・東南海・南海地震は、科学雑誌にもそろそろ来ると　予想されていますし、最近では、マスコミでも関東直下型が来たら、というような記事がよく出ていますね！

とくに、読売系のマスコミは、CIA系ですから（笑）。

富裕層や、白人系への避難推奨の暗号サインが入っていると感じる時があります。

壊滅的なものはまだまだ来ないと思われますが、今後、関東地方、東海地方、防災意識は必要です。十二分にご留意下さい。

陰謀論・日月神示・ミロクの世　王仁三郎と地球維新

興味深い本の推薦を頂きました（ありがとうございます）。

文庫本ながら非常に濃い本なので、説明文が長くなります（笑）。

「王仁三郎と日月神示のひな型神劇　それは国際金融資本とイルミナティ崩壊の型だった！」

（徳間書店　伊達宗哲）

内容（「BOOK」データベースより）
人気の王仁三郎と日月神示を中核として陰謀、予言、国際情勢、２０１２にまたがるこれまでにない分析本。神示&陰謀本のジャンル
王仁三郎と日月神示の救世のメッセージを受け止めるは、今！！！　世界支配者層は、情報を操作し、事実を歪曲し、世論を形成して、人々の想念を一定方向に収束させて、霊界に魔的

想念磁場たる地獄界を拡張し、その地獄界を地上に移写拡大して、人々を魔的行動に駆り立てようとしている。宇宙の縮図たる人心の悪化は、宇宙一切の悪化となるが、その逆もまた真なり！　天地宇宙に充満する妖邪の気は、いま日本列島にとぐろを巻いて取り付いている。それをはらう大浄化は、列島を紅蓮の炎で焼き払うしかないのか。


日本最大の宗教弾圧で、皇道大本をたたき潰したのは、フリーメイソンだった！

王仁三郎は、米国を支配する魔の活動力を使って、日本古来の神々を隠した。

天皇制絶対主義国家を転覆する型を演じていた！

さらには、米国に巣喰う魔の巨魁を日本に引きずり込み、日本に寄生させ、世界の型国日本に魔を集結させることを目論んでいた！

それは、日本列島の霊的磁場に、魔の使徒群を引きずり込み、いずれ大祓《しゅうばつ》を受けさせるためであった（穴の毛まで抜かれてまだ気づかぬ日本人の理由）。

出雲系の大本でユダヤを出し、日本系の皇道でイスラエルをだす！

イスラエルの十二の支族は選ばれている。一番いいのが日本に来て、日本人になった！

古代フリーメイソンは、ユダヤ教を死守する秘密結社。

そのため秘密力を使って宗教戦争を展開する！

・世界支配者層は、「貨幣＝金こそが、世界のすべての機構を動かし、私たちの生活を支え、すべての生産物と交換できる等価の絶対的社会信用である。貨幣こそが、私たちの生存を保障する唯一の手段である」と長い時間をかけて人類を洗脳し金（貨幣価値）により人類を呪縛し続けてきた。

・王仁三郎は「ユダヤ神殿＝ユダヤ拝金国家＝国際金融財閥支配の世界」の崩壊神劇の土台を築く神業を行っていた！

・岡本天明は、その土台の上に「ユダヤ崩壊のひな型神業」を行っていた！「ユダヤは神の選民で、艮の金神（世界を立替える神）が道具に使っておられる。ユダヤは悪に見せて善をやるのや」（王仁三郎）

匿名希望のサイトファンより……まずは、西洋中心の日本占領計画は２００８年で終わりました。神一厘の仕組みが全て働いています。

小泉政権から管さんまで、実は、日本は年次改革要望どおり動いたふりをしていました。竹下、小渕、橋本、と歴代総理の政策でいろいろとありましたが、小泉政権から次の小沢政権までは全て、一連の動きです！

小泉さんは織田信長の、これからの小沢さんは豊臣秀吉の型で、小沢さんの後が徳川家康といいたいところですが、スサノオが現れます。

今回の震災で日本の封印が溶かれます！　全ての機能の見直しがされます。

これからが、本当の政治、則ち、主権在民の始まりです！　地震と津波と原子力、この三災で全てが変わります！　災い転じて、福となすよう、全てよきに考えましょう！

私は、アセンションや精神世界には理解がありませんが、歴史は善悪を超えて必要、必然として働きます！　世界が一つにまとまる前に、まず日本が一つになりましょう。

大本、皇道大本、この響きは、世界の中心の響きを、感じさせます。地球維新の前に既に世界維新が２００８年から始まっております！

皆様、心配なく。政治は、民意で動きます。


鹿児島ＵＦＯ談……地球維新、新時代オープンの過程で、必ずや日本とユダヤの真の関係が表に出ますが、「王仁三郎と日月神示のひな型神劇」は、戦前の様々な資料も駆使して、いま起こっている大転換の意味と、今後の展望を明らかにするものであると思います。

私は笑うと似てると言われますが、出口王仁三郎さんの夢見た理想社会は、岡本天明さんの「日月神示みろくの世」そのものだったと思います。

そのミロクの世は、人類進化＝半霊半物質のアセンションを語り、お金の要らない社会、人々の心を縛る宗教の無い社会、経済支配の無い自給自足型の社会が世界中に出来上がる事であり、ガイアと共にある宇宙創造神の御心のままに繁栄する世界なのでしょう！

それを実現するためには、資本主義の実態である「悪神の崩壊」が絶対に必要であると……。

いま雛形日本の崩壊と立て替え始動の時期であり、「地球維新」を理解するにあたって、今後世界への現象波及と、日本と大きくリンクしていく様相など、神示と陰謀論をふまえた新・ジャンルの本書は、大きな示唆を与えてくれると思います。

善悪いだき参らせる、この光の潮流は、地球維新・宇宙維新につながっていきますね！

大提言　年号大権とアセンション　～　ミロクの世（白峰先生より）

平成崩御～年号大権を以て、新しい年号になってから3000兆円規模の「金融徳政令」を、施行することを提言する！

国と地方自治体の借金清算1000兆円。

国債と、アメリカの米国債で、1000兆円。

さらに、東アジア機構基金で、300兆円。

国連安全金融庁を設立して、ＩＭＦに代わる世界経済金融安全対策基金で、５００兆円。

日本再生と、地方自治２００兆円。

合計３０００兆円。

◎３０００兆円の資金の作り方

世界第４位の海洋大国たる日本。海洋基本法に基づく海底熱水鉱床を有価資産と認定し、レアメタル（稀少金属）その他資源の埋蔵量の50％を評価値として、日本再生予算の担保とする。

日本海洋全域で、約２京円近い海底資産有り。
・尖閣諸島周辺に７００兆円の油田。
・沖縄海底熱水域に２０００兆円。
・小笠原海底周辺に３０００兆円。
これで、５７００兆円の有価資産となる。

約６０００兆円の半分を担保とし、３０００兆円をカバーする。

☆９月１１日のテロと３月１１日の東日本大震災
９＋１１＋３＋１１＝１２＋２２（１２月２２日　マヤ暦の時間の終了）

さらに世界中の5京円は、国連監理として天皇中心の世界政府を作り、皇道共生社会目指して、最後は、アセンションに導き、ミロク世となれり。

「無敵とは強さに非ず」――一切の敵を作らないこと　中国「呉氏の兵法」

A　日本の基幹産業は、ロックフェラー　↓　三菱系
B　日本の金融は、ロスチャイルド　↓　三井系
C　日本の政治は、外交評議会　↓　在日大使

＊フリーメイソンの中の300人委員会が、世界を動かしている(?)
アメリカの軍需産業が動いているのみである?!
フリーメイソン上位20人の中から、儀式をする人(日本で言えば、神仏とつながる人)を「イルミナティ」と呼び、錬金術師とも呼ばれる。すなわち、神智学のマスターである(科学・宗教・教育etc.、歴史に名を残した人。日本では空海も入る)
＊そして、イルミナティの源流は、実は、古代アトランティスと宇宙!

すなわち、自らが「光の存在」（宇宙人と認識するグループ）
＊忍者は、下忍（武術工作）・中忍（情報官僚）・上忍（政治国躰）とあり、日本では、聖徳太子の側近だった「大友忍《おおともしのび》」から忍者という言葉ができた。しかし、忍者は、時の権力者（将軍と天皇）に仕えてきただけ。

フルフォード氏の言う、「細菌バラマキ」と「911テロ」の事件は、アメリカの軍産複合体（コングロマリット＝買収や合併等により多角化した複合企業）とスカル＆ボーン（エール大学を中心としたアメリカエリート人脈＝ブッシュ）がやったことであり、直接メーソン・ロックフェラーとは関係なし!!

結論（政治が悪い、経済が悪いのでは無く、国民が無知なだけ）
2002年から変化し、2008年から変革し、2012年から進化する！

【イルミナティの本質】
今では、フリーメイソンやイルミナティの本が出版され、映画まで上映される時代になった。「ダヴィンチ・コード」、「天使と悪魔」、「ナショナル・トレジャーシリーズ」その他。

「スタートレック」のミスタースポックの挨拶は、まさにメイソンの暗号。

日本の鳩山前総理の友愛精神しかり。


イルミナティは、フリーメイソンとは別団体であり、フリーメイソンは、中世ヨーロッパではなく、本来はソロモン王の神殿作り石工集団が始まりである。イルミナティは、同じく古代シュメール以前、アトランティスの時代から錬金術師として存在している。

されどその本質はアトランティスより古く、日本太古の時にあり、イルミナティの本源は京都鞍馬伝説、650万年前になる。(更にその本源は、地底都市シャンバラに続く!)


【現代の陰謀論の真相は】

石油資本と軍産複合体(死の商人)が作り上げたものであり、実は、現存のフリーメイソンともイルミナティとも一切関係無し!(フリーメイソンやイルミナティの存在を悪として仕立て、自分達の存在を隠すのが目的)

おわりに

読者の皆さま、たくさんのトンデモ情報、ご理解頂けたでしょうか？（笑）本書の内容のように、常識を超えた変化・すごい進化がやってきています！

世界的なアカシック・レコード・リーディング能力者でもあるゲリー・ボーネル氏によると、私は、白峰先生との対談を契機に、複数の本を書くと告げられ、豊かになるとも言われました。ホントに、髪と身長が豊かになれば嬉しいです（笑）。

つい最近までは、本どころか「恥」のかき捨てばかり、未だに貧乏ヒマ無しの状態（笑）。嫁さんには、もっと稼いで来い！　と毎日ドヤされています（超爆笑）。

先日、鹿児島でスピ系の飲会（参加者22人・数霊的に非常に意味ある人数）がありました。その中で、「地球維新」という言葉を知っていますか？　と尋ねましたら、6人ほどしか知りませんでした。

現スピリチュアル系の方々も、まだまだ点の状態であり、単なる小遣い稼ぎを超えて、地球維新という理念で、点→線→面と拡がり、本当に世の中を変える、映画「スターウォーズ」

に出てくる「理力」を持った大きな動きにしていく必要があり、そういう意味でも、今回の対談本は、世に問う価値があったと思います（笑）。

ヘタレ鹿児島ＵＦＯスチュワーデス物語「グズでノロマな亀」状態が、本書発刊が遅れた唯一の原因でしたが、校正チェックの最中に、東日本大震災が起こってフリーズしてしまいました。被災地の方々には本当にお気の毒ですが、敢えて、このタイミング・時代の流れを客観的に述べさせて頂くと、本来のタイムライン予定より速く、日本の立て替え現象（まず崩壊があり、新たな構築が行われながら人類進化へと至る）「地球維新」が始動しました。

「人生塞翁が馬」（何が功を奏するか分からない）ですね。予定していた本書の内容に加えて、マヤ暦２６０日周期に突入したことの意味・宏観現象（地震予知）・放射能対策・生死に対する考え方・震災復興案・洗脳された原発問題の総括・日本再生案・近未来予測と驚愕の遷都案など画竜点睛とも思えるような内容が結果的に追加され、より解体珍書らしくなりました。

ローランド・エメリッヒ監督のハリウッド映画「２０１２年」では、主人公ジャクソン・カーティスの著作「さらばアトランティス」が２０１２年の大きな危機を乗り越え、新時代を迎えたる契機になった象徴的な本でしたが、本書もそうした相似象をなし、日本の未曾有の危機にあたって、世界の雛形「日本再生」へのヒントとなることを願ってやみません。
なお、アセンション・時元上昇・２０１２・今後のミロク社会など、すべてが一目で分かる「地球維新・アセンション図鑑」（インディゴ・お子様とご一緒に編）については、次回の著作にゆずりたいと思います。（ホントに出ますかね～？　笑）

２０１１年　春を迎え（自宅より冠雪した桜島を眺めながら）

「稲の穂揺れる奇しき国、民ぞ真の法宝なり」

鹿児島ＵＦＯ　愛染カツラ～　清水ヒロシ　拝

「2012年問題の本音と立前」

【夜明けの晩の新太陽】

時の旅人　白峰　拝

「水はよく船を浮かべ、水はまたその船を覆《くつが》えす」徳川家康の座右の銘

2012年12月。はたして、精神世界の唱えるアセンション（時空上昇）やミロクの世の始まりは来るのだろうか？　本音で言えば、2010年10月現在、地球人類の集合意識や共通磁場の波動は、1987年の2月22日のレベルまで下降した（2008年8月8日から人類意識は急降下している。一方、地球は上昇している）。日本人の意識磁場が、本来なら700を超える時期に400まで下降し、地球全体で300までにも至らない（200レベルは世界恐怖、100レベルは戦争にあたる）。

正直このままでは、2012年の地球の五次元世界、精神世界のアセンションや宗教のミロクの世は来ない可能性の方が高い（地球環境大変化と食料経済危機が速いかもしれない）。

されど1987年2月のレベルならば、逆に同2月23日は太陽の20倍の質量の大マゼラン超新星爆発により太陽の45億年分のエネルギーがニュートリノとして10秒間で放出され、地球に届いた時だ。その後、カミオカンデが発明され小柴さんが科学分野でノーベル賞を受賞する。

それと同じように、地球も一つの機会で、例えばシリウスの大爆発で太陽系・地球がたった10秒で変わるかもしれない（笑）。

２０１２年は、マヤ暦の終了と５０００年前から言われているが、私は、２０１２年に今迄の価値観の消滅、すなわち、国家や経済通貨システムの大変化があると思う。なぜならば「Time is Money」すなわち時は金なり、時間の終了とは、金融システムの崩壊と再構築に違いない（地球連邦の第一歩として）。

それから4年後、２０１６年の地球は魚座の時代から本格的に水瓶座の時代に入る。その暗号は全ての意識の解放であり、地球人類のごく一部である宇宙遺伝子を持った人々のＤＮＡの封印が解かれ〝黄金人類が大変革〟する時である。

そして２０２０年、この時こそ、宇宙存在と外交が持てると考えている。何故ならば、宇宙存在は、地球連邦政府ができて初めてその姿を現わすと、60年前に故ケネディー大統領に伝えていた。

２０２０年は、聖徳太子の予言で言う地球創造から56億７０００万年後の時を表わす（すなわちミロクの世）。

25年前から研究して今、本音で言える結論、それは、地球維新は3つの段階があるということ！

1. 見える世界の変化・2012年（時の終了・地球規模の変革スタート）
2. 見えざる意識の変化・2016年（太陽系変化・地球人類、黄金人類の覚醒）
3. 地球大変革・2020年（銀河意識との調和・ミロクの御世の始まり）

すなわち、旧体質・地球人類の生存権や生命システムは、2012年をもって変革され2016年までに、新しいシステムとして地球規模の環境問題対策や新世界秩序が構築される。2016年から国を越えて、世界は本当に、宇宙船地球号の船出準備をするだろう。

そして2020年、地球人類の意識磁場が、ある一つの定義に目覚め、「地球維新」を本格的に受け入れた時、地球政府の代表は、宇宙存在を正式に公表して、本格的にミロクの御世が始まる。時を同じくして地球の「次元」も太陽系レベルで変化し、アセンション葉が証明されるであろう（宇宙ではなく、地底存在とコンタクトが始まる）。

すでに、個人的に覚醒した〝黄金人類〟は、2012年を期に、一気に地球規模で目覚めて、地球人類の集合意識を上昇させ、地球全体の生命磁場を変えるに違いない（バタフライ現象はユビキタス現象となる）。
「事実は小説より奇なり」全てを受け取り日常生活の中で、日々、変化と進化をする。本書の読者の皆様は、常に意識して「アセンション物語の主人公」になって頂きたい。

１９９０年代から始まったノストラダムスの終末論は、今も、何も起こっていないように思えるが、２０００年の太陽系の惑星直列から20年経った２０２０年、地球人類のごく一部は自らの中に神を見い出し、宇宙存在・地底存在と仲良く新しい太陽系のメタ文明を、小説ではなく事実として受け入れ、参加しているはずである。

私は、たった10秒で、世界が変わることを常に信じてやまないのです。
「太陽は夜が明けるのを待って昇るのではない。太陽が昇るから夜が明けるのだ」
＊下の写真はタヌキとカマキリではありません（笑）二人は、天使であり、セーラームーンです（爆笑）。

奥義「白峰三山神縁起」

古代シュメール源流「秦の始皇帝」の使者、徐福は、不老不死薬を目指して、世界の中心である日本の富士山に到来！　徐福一門は、その後、富士山一帯から白峰三山に住み、四国へ渡り、瀬戸内海から京都に渡り、日本文化に、陰より、協賛していた。

聖徳太子を支えた秦河勝や、聖徳太子の仏教の師である慧慈法師は、白峰族であり、中国の聖山＝白頭山の白山白峰の菊理媛の末裔であり、加賀白山白峰、京都白峰神宮、四国、金比羅奥宮、白峰神社は全て、秦始皇帝の一門＝白峰族なり。

日本では三部衆となり、修験〜水軍〜忍者に、伝承され、現代は、「弘観道」に受け継がれ門外不出となる！

岩屋天狗党は、弘観道の忍者集団なり。

白峰三山は、諏訪守屋山＝古代ユダヤ王朝と並び富士山に続く霊峰なり（南アルプス）。

本来白峰三山は、造化三神＝天御中主〜タカムスビ＝カミムスビの結びの働きが「くくり」

であり「菊理」と呼ばれ、太極タオのマークは、菊理の働きである万物の創造原理を表す！
天の川銀河は、白峰＝ハクホウ銀河と、呼ばれている！

「弘観道の歴史を中国の呉子と勘違いしてはならない！」

弘観道の歴史として――650万年前から！　金星から、地球人類の進化の為に使わされた地球の地底神都シャンバラ大聖、白衣色同朋団マスター・クワンイン。

弘観道は、地球霊皇＝サナート・クラマ　大聖直門継承の錬金術と神智学を、日本で唯一継承する！　現在は密教＝弘・法華経＝観・神道＝道に伝承されている。

さらに中国皇帝風水学が、呉子の兵法と、聖徳太子の時代、日本へ忍者修験道に伝承されて併合～　現代に至る！

地球霊皇直門継承　修験道開祖　神変大菩薩　役の行者の生まれ代わり、直霊なり

「日月神示」は「中今」に生きる重要性を力説する　中今悠天拝

「中今」という言葉が『日月神示』にはたびたび出てきます。この「中今」は、「時」に関する重要な神道的用語です。

「中今」は、通常「過去、未来も、現在というこの瞬間に中に包摂されるもの」と解釈されています。ギリシャ哲学でも、アリストテレスは「永遠の中の今」ということを述べています。

「中今」という概念が、「時の異象」との関係性を持つとすれば、「人間」をどのような存在としてとらえるかということをまず説明しなくてはなりません。

私たちの言う「中今の自己に生きる」とは、決して「自己」を「空間軸」の中に「限定」するものではありません。

むしろ、「時間軸」における「自己」との「融和」と「真釣り合わせ」が、その先にあるのです。

その意味で、「自己」と「祖霊」・「御先祖」は、そもそも「時間軸」の中で、同じ「自己概念」の中で理解されるものなのです。言い換えれば、広義の「自己」概念の中に、「先祖」や「祖霊」も「包摂」されるという考え方です。

そして、この「祖霊信仰」は、はるか数万年前の縄文時代から連綿と私たちの中に育まれている「根源的信仰」です。そしてこの「祖霊信仰」がさらには「祖神信仰」へと発展していきます。

このように神道に言う「中今」とは、むしろ時間軸における「拡大された自己」としての「祖霊・祖神への感謝」がその根底にあります。

「祖霊・祖神」との関係性を「遮断」することから、人間の「われよし」が始まると感じます。真の「うれしうれし」の世界に至るには、真の意味での「中今の自己」を、私たちが回復していくことが肝要であると感じます。

『日月神示』の「中今」に関する神示として次の神示があります。

「過去も未来も中今、神も人間と同じで、弥栄（いやさか）して行くぞ、悪いくせ直さねばいつ何時までたっても自分に迫ってくるもの変わらんぞ。」

ブログ「鹿児島ＵＦＯ」のご案内

天下御免――白峰先生　半オフィシャルサイト！？（笑）

http://plaza.rakuten.co.jp/kagoshimalife/

スピリチュアル全般・２０１２年問題・臨床心理学（ユング・ソンディ・精神分析・箱庭療法・絵画療法）・仏教&密教の教義・密教占星術・政治・経済・時事・環境問題・陰謀論・新エネルギー・食料・農林水産業・町おこし・古代文明・ＵＦＯ・ＵＭＡ・占星術・密教・古神道・ヒーリング・ヘミシンク・前世療法・精神分析・経皮毒や食品安全・など広範にわたっています。スピリチュアル（精神世界）を切口に、ユニークな記事をモットーとして、常識というブロックを取り払い、地球維新～新理想社会を目指します！

鹿児島ＵＦＯ、超ヘタレですが、輪廻転生脱却・アセンション・時元上昇の道をガイドさせて頂く所存でございます。皆様、今後とも宜しくお願い申し上げます。

鹿児島ＵＦＯ（愛染カツラー）の精神遍歴

学生時代から、東京南青山の愛原心理研究所にて臨床心理職に携わり、富士通系ソフトウェアタ会社やNEC系ソフトウェア会社のシステムエンジニアを経て、平成2年より某私立高校の技術系教師。
・日本ペトログラフ協会正会員・日本心理臨床学会正会員（ユング派）

【心理学師事一覧】人間学＆心理学（文教大学　水島恵一・土沼雅子）実践臨床心理学（愛原由子）心理学基礎（東大名誉教授　相良守治）家族心理学（岡堂哲雄）ユング心理学と箱庭療法（秋山さと子・小川捷之）精神分析（佐藤紀子）ソンディ心理学（佐竹隆三）ロールシャッハ法（片口安史・馬場礼子）ほか

【密教系師事および遭遇一覧】密教行歴25年（桐山靖雄氏に師事）、四度加行（十八道・金剛界法・胎蔵界法・護摩法）修験道（大行満権正大先達）クンダリーニヨガ（シーク聖者ヨギバジアン氏に遭遇2回）チベット密教（ニンマ派とサキャ派の灌頂を受けダライラマ１４世法王に遭遇３回）白峰由鵬先生　過去世より遭遇１万回以上（笑）お世話になりっぱなしです（大感謝）

幼少期よりＵＦＯ母船やアダムスキー型ＵＦＯに遭遇。

２００７年末、環境・教育・政治・経済・人間自体の行き詰まりと、時間の異常性を感じて模索を開始！　必死のリサーチの結果、世界的な陰謀論や２０１２年問題の重大な意味を知るに至る。

２００８年３月末より、考えをまとめる意味で楽天ブログを開始。鹿児島ＵＦＯブログを機縁に、白峰先生を筆頭として、日本＆世界のスピ系の先生方や、全国の愉快な仲間達とご縁がつがなり、地球維新親交（進行）中～（笑）。

能力者の皆さまにリーディングして頂きました鹿児島ＵＦＯの「過去世」

西村依里子先生（アロマテラピーの日本パイオニア。ソフィア・ヒーリングスクール主宰。医師も含めて400名以上のアロマヒーラを育成中）より、エジプト王朝と白山王朝の神官と告げられています。究極のアロマヒーリングで、カルマ・トラウマを解除して頂きました。マル秘ミッションとして、全国＆世界の怨念存在や封印神を解除されています。男性の方はひと目惚れしないで下さい（笑）。とくに女性には、真剣に関わります。西村先生と求道道的に真剣に会いたい方は、鹿児島ＵＦＯまで（笑）
MIXIコミュ「ソフィア・ヒーリングスクール」

名古屋の長居和尚氏　抜群の審神力と守護神鑑定力を持つ、ホワイトブラザーフッドとしての盟友。
鹿児島ＵＦＯの守護神鑑定結果は、経津主神・宇迦之御魂・大天使ミカエル・ガネーシャ・セラピスベイ・木花咲耶姫（産土神）それぞれ納得です！　長居和尚ホームページ　http://nagaiosyou.com/index.htm

沖縄の前里光秀氏より（モンロー研究所直伝・ヘミシンクでのスゴイ覚醒者・東京と沖縄で活躍中）数千年の未来から転生して来た「ウイングメーカー」であり、江戸時代は清貧の武士。本を出版して日本中を講演します！と言われて驚きました。
前里光秀研究所ホームページ　http://www.maesatomitsuhide.com/

鹿児島市吉野町「コンディション・ハッピー」水口さん御夫妻より（誠実で確かな前世リーディングヒーラー・カルマ浄化）江戸時代、筆頭家老まで出世した清貧の武士と、イングランドと戦った弱小国の国王で、強者と弱者の体験を積んだそうです。他の中世では、教会権威と王族権力の調整役をして、イルミナティ・フルーメイソンとのかかわりもあったようです。（連絡用メールアドレス：hapio-hapiko@ezweb.ne.jp）

葉山の岩本義明さん（前世催眠療法・気鋭のヒプノセラピスト）より、イングランドと戦ったスコットランド人（この世の不条理を学んだ)。生まれ変わる瞬間やアセンション後の状態も目撃させてもらいました（笑）
ヒプノセラピー・スピリチュアルライフ
http://spiritualife2012.blog86.fc2.com/

世界的なアカシックリーダーであるゲリー・ボーネル氏より。最初はオリオンの裏より地球に飛来・レムリアの政治家・アトランティスの神官・エジプトの錬金術師・古代中国の透視能力者・チベット密教僧・イタリアの若者など、今後は本を出版する。ＵＦＯ等の交遊団体を作る。古代中国とチベットの時代にアセンションへの準備をしてきている。今回の生で地球は最後だと言われました。

すべての前世は、白峰先生に審神（サニワ）して頂いていますが（大感謝)、古代シュメール時代の大神官が、髪と同じで「抜けている」と言われました（爆笑)。

過去世は関係ないとの御意見もありましょうが、本当につながってきますと、各時代で得た叡智や能力が使えるようになり現世に活かせます。アセンションの時代は、皆さまもコアな前世とつながり、大きな能力と使命が出てきますので、それぞれの道をぜひ究めて下さい。鹿児島ＵＦＯ（愛染カツラー）いまはヘタレだが、早く本源につながり使命を全うせよと！　白峰先生より叱咤激励を頂いております（大感謝)。

白　峰

― 中今悠天 ―

（中今に生きて悠天に至れ）

※中今とは過去・現在・未来にとらわれず、今この瞬間を精一杯生きる事（悠天とは雄大なる大宇宙を表現せり）。
永遠の過去と未来の中間にある今、当世を最良の世としてほめる語（遠皇祖の御世を始めて～/ 続紀神一亀一宣命）

平成元年より白峰として活躍。天啓により名を**中今悠天**と改める。

自ら三面大虚空天と名乗り、正体不明の彼を人は宇宙人とも現代の旗本退屈男（風来坊）とも呼ぶ！

ＭＩＸＩの白峰先生ファン・コミュニティ　中今悠天（白峰先生）

白峰聖鵬として

国家鎮護と万世一系の弥栄を願う皇道思想家
日本百名山を日本国再生祈願の為、千日間にて登山
した日本百名山千日回峰行満願大先達
大通智勝三蔵法印、道号・神明験曜光（弘観大師）
（弘観道四十八代継承・開運風水占術指南役・日本）
百名山会理事（白峰三山祭主）

★著作本 ㊂ 日月地神示（黄金人類と日本の天命）

光悠白峰として

日本全国３０００ヶ所の温泉に入浴（１５年かけて）
温泉評論家としてラジオ出演、旅行作家、温泉カリスマ
（日本秘湯保存会代表・日本百名滝保存会理事）
波動エネルギーを七色で描く香彩書画芸術家として有名

★著作本 温泉風水開運法．宇宙戦争他（明窓出版）

白峰由鵬として

近未来文明アナリストとして講演活動を行い２０１２
年地球の時元上昇・地球環境の大変化を最新の宇宙意
識考学に基づき語る。
（環境地理学博士・環境意識行動学医学博士）
・日本国再生機構（コンプライアンス・コミッショナー）
・NESARA 日本国代表評議員（金融政策担当）
・国政オンブズマン特別顧問（検察・自治公安）
・LOHAS 極東日本代表幹事（環境カリスマ）

★著作本 地球大改革と世界の盟主（明窓出版）

秦一族は、古代中央アジア弓月氏の末裔と歴史学者は提唱しているが、
インドの釈尊も、弓月氏の 一族、月氏の末裔なれば、日本に秦一族が、
仏教を伝来し、天皇家や、聖徳太子に協賛して、京都のみならず、日
本全国の神社仏閣・日本文化振興に陰ながら協力して現在に至る！
古代シュメールの根源聖地は、天孫降臨の歴史ある、この日本国土、
故に日本が、世界の雛形である。
秦一族が、日本に帰化した真実の歴史が、ここにある！

開運風水師　白峰先生監修の開運風水グッズ販売「匠工房」

日本で初めて「アストロ占術」などを成功させ、「コスモトレンド（COSMO TREND）理論」と「バタフライ現象研究」の第一任者でもあられる開運風水師　白峰・中今悠天先生監修のもとで、１２星座開運・アストロ占術風水グッズを販売。

匠工房ホームページ　http://www.takumikobo.net/

白鵬先生お勧めの銘茶『富士の白峰』

南アルプスから流れる大井川中流の西岸、静岡県島田市（旧金谷町）産「やぶきた」の新茶（一番茶）できたて100％！！　温泉風水評論家である白峰先生監修の、急須で淹れて飲むリーフタイプの緑茶（煎茶）です。

富士の白峰http://3016.jp/fujinoshiramine/

開運風水師　白峰・中今悠天先生のプロフィール

日本で、初めてアストロ占術や、株式のデイトレから周期律、最新の宇宙意識考学による数霊、金融工学に宇宙周期表を完成。コスモトレンド（COSMO TREND）理論とバタフライ現象研究の第一任者。日本でただ一人の環境地理学博士。

風水開運コンサルタントとして、これまでに約２万人の鑑定開運を指導。安部清明以来、風水学を学問として発表権威付けをする。

全国のネイルサロンブームや海洋深層水の火付け役でもあり、ハリウッド映画の脚本企画からアニメの演出、温泉観光のパイオニアとして知られている。

2012年問題や宇宙人問題、都市伝説のワイルドオタッキーとしても有名。

５進法による地球のシューマン共振、歴史のヘゲモニーサイクルの研究、地球文明の崩壊サイクルを研究するかたわら、現在は明治維新の次にくる地球維新の脚本演出家として活躍中。

＊お知らせ「地球維神　黄金人類の夜明け」（明窓出版　アセンション・ファシリテーター　Ａｉ）を読んでいただいた方へ。この本の４０２ページにあります文章、「巻末のアカデミーのメンバー専用ホームページには、白峰先生からの最新マル秘メッセージと、『暗号』のオリジナル・データが掲載されています」につきましては間違いであり、実際は、メッセージは出されておりませんことを、謹んでお知らせいたします。たいへん申し訳ありませんでした。

世界の盟主日本

「世界の未来は進むだけ進み、その間、いく度か戦いは繰り返されて、最後の戦いに疲れる時が来る。その時、人類はまことの平和を求めて、世界の盟主をあげねばならない。

この世界の盟主となるものは、武力や金力ではなく、あらゆる国の歴史を抜き超えた、最も古く、また尊い家柄でなくてはならぬ。世界の文化は、アジアに始まって、アジアに帰る。そしてアジアの高峯、日本に立ち戻らねばならない。我々は神に感謝する。我々に日本という尊い国を追っておいてくれたことを。」（アインシュタイン　世界の未来）

「君が代」

君が代は　千代に八千代に
さざれ石の　巌となりて　苔のむすまで

地球《ちきゅう》維新《いしん》　解体珍書《かいたいちんしょ》

白峰《しらみね》　鹿児島《かごしま》UFO《ユーフォー》

明窓出版

平成二十三年五月　五　日初　刷発行
平成二十三年六月二十日第二刷発行

発行者——増本　利博
発行所——明窓出版株式会社
〒一六四—〇〇一二
東京都中野区本町六—二七—一三
電話　(〇三) 三三八〇—八三〇三
FAX　(〇三) 三三八〇—六四二四
振替　〇〇一六〇—一—一九二七六六
印刷所——シナノ印刷株式会社

ISBN978-4-89634-283-3
ホームページ http://meisou.com

続 2012年 地球人類進化論

白 峰

新作「アインソフ」「2008年番外編」「福禄寿・金運と健康運」および既刊「地球大改革と世界の盟主」「風水国家百年の計」「日月地神示 「宇宙戦争」「地球維新・ガイアの夜明け前」「新説2012年地球人類進化論」ダイジェスト版。地球環境や、社会現象の変化の速度が速い今だからこそ、情報ではなく智慧として魂の中に残る内容です。

地球シミュレーターが未来を予測する／ハリウッド映画の今後／忍者ローンことサブプライム／期待されるＮＥＳＡＲＡ法の施行／アセンション最新情報／意識を高めさせる食とは／太陽・月の今／聖徳太子、大本教、日蓮上人が語ること／ロックフェラーからのメッセージ／呉子の伝承／金運と健康運、そして美容の秘伝／将来のために大切なこと／福禄寿の優先順位とは／日本の経済、アメリカの経済／金運をアップする　／健康になる秘術／これからの地球の変化／アインソフとは／宇宙の成り立ちとは／マルチョンマークの違いについて／不都合な真実は未だある／イベントは本当に起こるのか／ＮＥＳＡＲＡと地球維新／ソクラテスからのメッセージ／多次元社会と２０１２年以降の世界／アインソフ・永遠の中今に生きてこそ／ＬＯＨＡＳの神髄とは（他重要情報多数）

定価2000円

風水国家百年の計　光悠白峰

風水学の原点とは、観光なり

観光は、その土地に住んでいる人々が自分の地域を誇り、その姿に、外から 来た人々が憧れる、つまり、「誇り」と「あこがれ」が環流するエネルギー が、地域を活性化するところに原点があります。

風水学とは、地域活性化の要の役割があります。そして地球環境を変える働きもあります。（観光とは、光を観ること）

2012年以降、地球人類すべてが光を観る時代が訪れます。

風水国家百年の計

国家鎮護、風水国防論／万世一系ＸＹ理論／徳川四百年、江戸の限界と臨界。皇室は京都に遷都された／大地震とは宏観現象、太陽フレアと月の磁力／人口現象とマッカーサー支配、五千万人と１５パーセント／青少年犯罪と自殺者、共時性の変成磁場か？／気脈で起きる人工地震、大型台風とハリケーン／６６６の波動と、色彩填補意思時録、ハーブ現象とコンピューター／風水学からみた日本崩壊？／沈黙の艦隊、亡国のイージスと戦艦大和

宇宙創造主VS地球霊王の密約（ＯＫ牧場）

地球人を管理する「宇宙存在」／「クオンタム・ワン」システムと繋がる６６６／変容をうながす、電脳社会／近未来のアセンションに向けて作られたエネルギーシステム／炭素系から珪素系へ——光り輝く存在とは（他重要情報多数）

定価1000円

地球大改革と世界の盟主

～フォトン＆アセンション＆ミロクの世～

白峰由鵬（謎の風水師N氏）

今の世の中あらゆる分野で、進化と成長が止まっているように見える。

されど芥川竜之介の小説「蜘蛛の糸」ではないけれど、一本の光の糸が今、地球人類に降ろされている。
それは科学者の世界では、フォトン・ベルトの影響と呼ばれ、
それは宗教家の世界では、千年王国とかミロクの世と呼ばれ、
それは精神世界では、アセンション（次元上昇）と呼ばれている。

そしてそれらは、宇宙、特に太陽フレア（太陽の大気にあたるコロナで起きる爆発現象）や火星大接近、そしてニビルとして人類の前に問題を投げかけてきて、その現象として地球の大異変（環境問題）が取り上げられている。

ＮＡＳＡとニビル情報／ニビルが人類に与えた問題／ニビルの真相とその役割／フォトンエネルギーを発達させた地球自身の意思とは／現実ただ今の地球とは／予言されていた二十一世紀の真実のドラマ／人類の未来を予言するサイクロトン共振理論／未来小説（他重要情報多数）

定価1000円

「地球維新 vol. 3 ナチュラル・アセンション」

白峰由鵬／中山太将　共著

「地球大改革と世界の盟主」の著者、別名「謎の風水師N氏」白峰氏と、「麻ことのはなし」著者中山氏による、地球の次元上昇について。2012年、地球はどうなるのか。またそれまでに、私たちができることはなにか。

第1章　中今《なかいま》と大麻とアセンション（白峰由鵬）

２０１２年、アセンション（次元上昇）の刻《とき》迫る。文明的に行き詰まったプレアデスを救い、宇宙全体を救うためにも、水の惑星地球に住むわれわれは、大進化を遂げる役割を担う。そのために、日本伝統の大麻の文化を取り戻し、中今を大切に生きる……。

第2章　大麻と縄文意識（中山太将）

伊勢神宮で「大麻」といえばお守りのことを指すほど、日本の伝統文化と密接に結びついている麻。邪気を祓い、魔を退ける麻の力は、弓弦に使われたり結納に用いられたりして人々の心を慰めてきた。核爆発で汚染された環境を清め、重力を軽くする大麻の不思議について、第一人者中山氏が語る。

（他２章）

定価1360円

エデンの神々

陰謀論を超えた、神話・歴史のダークサイド

ウイリアム　ブラムリー著　南山 宏訳

歴史の闇の部分を、肝をつぶすようなジェットコースターで突っ走る。ふと、聖書に興味を持ったごく常識的なアメリカの弁護士が知らず知らず連れて行かれた驚天動地の世界。
本書の著者であり、研究家でもあるウイリアム・ブラムリーは、人類の戦争の歴史を研究しながら、地球外の第三者の巧みな操作と考えられる大量の証拠を集めていました。「いさぎよく認めるが、調査を始めた時点の私には、結果として見出しそうな真実に対する予断があった。人類の暴力の歴史における第三者のさまざまな影響に共通するのは、利得が動機にちがいないと思っていたのだ。ところが、私がたどり着いたのは、意外にも……」

（本文中の数々のキーワード）シュメール、エンキ、古代メソポタミア文明、アブダクション、スネーク教団、ミステリースクール、シナイ山、マキアヴェリ的手法、フリーメーソン、メルキゼデク、アーリアニズム、ヴェーダ文献、ヒンドゥー転生信仰、マヴェリック宗教、サーンキヤの教義、黙示録、予言者ゾロアスター、エドガー・ケーシー、ベツレヘムの星、エッセネ派、ムハンマド、天使ガブリエル、ホスピタル騎士団とテンプル騎士団、アサシン派、マインドコントロール、マヤ文化、ポポル・ブフ、イルミナティと薔薇十字団、イングランド銀行、キング・ラット、怪人サンジェルマン伯爵、I　AM運動、ロートシルト、アジャン・プロヴォカテール、KGB、ビルダーバーグ、エゼキエル、IMF、ジョン・F・ケネディ、意識ユニット／他多数　　定価2730円

無限意識

佐藤洋行

『無限意識』は「常識を打ち破りたい」という著者の強い思いから完成しました。本書には、イエスキリストや釈迦等の知られざる真実が書かれています。衝撃的な内容ですが、単なる歴史書ではありません。世界中のワンダラー達へのメッセージです。過去のどんなに偉大な指導者達も、この世に地 上天国をつくるという目的を達成することはできませんでした。地上天国とは一人一人の心の持ちようで決まります。新しい時代に向けた、必読の本です。

第１章　地球の時間の始まりとアセンション／第２章　地球のヒューマノイドが出現する前の話／第３章　地球人類創造プロジェクト／第４章　地球文明の興り／第５章　レムリア・アトランティス文明／第６章　アマゾンのメル文明 ／第７章　第７文明の歴史／第８章　何故７回目の文明なのか？／第９章　エジプト文明の真実／第10章　アクエンアテンの真実／第11章　出エジプトの真実／第12章　古代の意識のレベル／第13章　第７文明の宗教の起源／第14章　レムリアの名残　日本にて／第15章　ヤハヴェとバール／第16章　ゴータマ・シッダールタ（釈迦）／第17章　ソクラテス／第18章　イエショア・ベン・ジョゼフ（イエス・キリストと呼ばれる人）／第19章　この世界における聖者／第20章預言者／第21章　空　海／第22章　聖徳太子／第23章　魔女狩り／第24章　フリーメーソン／第25章　善悪の彼岸／第26章　善悪の境、愛の学び　／第27章　直線は存在しない／第28章　ヨブ記の一説の解説／第29章　提　言

定価1470円

キリストとテンプル騎士団

スコットランドから見たダ・ヴィンチ・コードの世界

エハン・デラヴィ

今、「マトリックス」の世界から、「グノーシス」の世界へ
ダ・ヴィンチがいた秘伝研究グループ「グノーシス」とはなにか？
自分を知り、神を知り、高次元を体感して、キリストの宇宙意識を合理的に知るその方法とは？
これからの進化のストーリーを探る！！

キリストの知性を精神分析する／キリスト教の密教、グノーシス／仮想次元から脱出するために修行したエッセネ派／秘伝研究グループにいたダ・ヴィンチ／封印されたマグダラの教え／カール・ユング博士とグノーシス／これからの進化のストーリー／インターネットによるパラダイムシフト／内なる天国にフォーカスする／アヌンナキ —— 宇宙船で降り立った偉大なる生命体／全てのイベントが予言されている「バイブルコード」／「グレートホワイト・ブラザーフット」（白色同胞団）／キリストの究極のシークレット／テンプル騎士団が守る「ロズリン聖堂」／アメリカの建国とフリーメーソンの関わり／「ライトボディ（光体）」を養成する／永遠に自分が存在する可能性／他

定価1300円

人類が変容する日

エハン・デラヴィ

意識研究家エハン・デラヴィが伝えておきたい事実がある。
宇宙創造知性デザイナーインテリジェンスに迫る、
エピジェネティクス最先端情報！

―― 宇宙を巡礼し、ロゴスと知る ――

わたしたちの壮大な冒険はすでに始まっている。

取り返しがきかないほど変化する時――イベントホライゾンを迎えるために、より現実的に脳と心をリセットするとは？

人体を構成する数十兆の細胞は、すでに変容を開始している。


（著者「まえがき」より）１９９２年以降、私は、時間と意識について研究してきました。そう、それらは大きな主題であり、そうしたことを教えている大学の学部はないと思われます。偉大な科学者であり哲学者であるアービン・ラズロー博士が、カオス理論を使って２０１２年頃であると仮定した、「カオスポイント」と呼ぶ時点に全世界が近づいていくに従って、私たちすべてが宇宙船地球号上の無感動な乗客から、愛しくて最も神聖な私たちの惑星の、ひたむきな乗組員へと完全に移行するのです。

　私のテーマは明確です。エピジェネティクスと地球巡礼者のメッセージを、地球規模でシェアしてください。

　さあ、進化の巡礼を始めましょう！

世界を変えるNESARAの謎

〜ついに米政府の陰謀が暴かれる〜

ケイ・ミズモリ

今、「NESARA」を知った人々が世直しのために立ち上がっている。アメリカにはじまったその運動は、世界へと波及し、マスコミに取り上げられ、社会現象にもなった。
富める者が世界を動かす今の歪んだ社会が終焉し、戦争、テロ、貧富の格差、環境問題といった諸問題が一気に解決されていくかもしれないからだ。近くアメリカで施行が噂されるNESARA法により、過去に行われたアメリカ政府による不正行為の数々が暴かれ、軍需産業をバックとした攻撃的な外交政策も見直され、市民のための政府がやってくるという。NESARAには、FRB解体、所得税廃止、金本位制復活、ローン計算式改定、生活必需品に非課税の国家消費税の採用など、驚愕の大改革が含まれる。しかし、水面下ではNESARA推進派と阻止派で激しい攻防戦が繰り広げられているという。

今後のアメリカと世界の未来は、NESARA推進派と市民の運動にかかっていると言えるかもしれない。本作品は、世界をひっくり返す可能性を秘めたNESARAの謎を日本ではじめて解き明かした待望の書である。

定価1365円

高次元の国　日本　　飽本一裕

高次元の祖先たちは、すべての悩みを解決でき、健康と本当の幸せまで手に入れられる『高次を拓く七つの鍵』を遺してくれました。過去と未来、先祖と子孫をつなぎ、自己と宇宙を拓くため、自分探しの旅に出発します。

読書のすすめ（http://dokusume.com）書評より抜粋
「ほんと、この本すごいです。私たちの住むこの日本は元々高次元の国だったんですね。もうこの本を読んだらそれを否定する理由が見つかりません。その高次元の国を今まで先祖が引き続いてくれていました。今その日を私たちが消してしまおうとしています。あ゛ーなんともったいないことなのでしょうか！　いやいや、大丈夫です。この本に高次を開く七つの鍵をこっそりとこの本の読者だけに教えてくれています。あと、この本には時間をゆっーくり流すコツというのがあって、これがまた目からウロコがバリバリ落ちるいいお話です。ぜしぜしご一読を！！！」

知られざる長生きの秘訣／Sさんの喩え話／人類の真の現状／最高次元の存在／至高の愛とは／創造神の秘密の居場所／地球のための新しい投資システム／神さまとの対話／世界を導ける日本人／自分という器／こころの運転技術～人生の土台

定価1365円

オスカー・マゴッチの

宇宙船操縦記 Part2

オスカー・マゴッチ著　石井弘幸訳　関英男監修

深宇宙の謎を冒険旅行で解き明かす——

本書に記録した冒険の主人公である『バズ』・アンドリュース（武術に秀でた、歴史に残る重要なことをするタイプのヒーロー）が選ばれたのは、彼が非 常に強力な超能力を持っていたからだ。だが、本書を出版するのは、何よりも、宇宙の謎を自分で解き明かしたいと思っている熱心な人々に読んで頂きたいからである。それでは、この信じ難い深宇宙冒険旅行の秒読みを開始することにしよう…（オスカー・マゴッチ）

頭の中で、遠くからある声が響いてきて、非物質領域に到着したことを教えてくれる。ここでは、目に映るものはすべて、固体化した想念形態に過ぎず、それが現実世界で見覚えのあるイメージとして知覚されているのだという。保護膜の役目をしている『幽霊皮膚』に包まれた私の肉体は、宙ぶらりんの状態だ。いつもと変わりなく機能しているようだが、心理的な習慣からそうしているだけであって、実際に必要性があって動いているのではない。

例の声がこう言う。『秘密の七つの海』に入りつつあるが、それを横切り、それから更に、山脈のずっと高い所へ登って行かなければ、ガーディアン達に会うことは出来ないのだ、と。全く、楽しいことのように聞こえる……。(本文より抜粋)

定価1995円

イルカとETと天使たち

ティモシー・ワイリー著／鈴木美保子訳

「奇跡のコンタクト」の全記録。
未知なるものとの遭遇により得られた、数々の啓示《アドバイス》、
ベスト・アンサーがここに。

「とても古い宇宙の中の、とても新しい星—地球—。
大宇宙で孤立し、隔離されてきたこの長く暗い時代は今、
終焉を迎えようとしている。
より精妙な次元において起こっている和解が、
今僕らのところへも浸透してきているようだ」

◎ スピリチュアルな世界が身近に迫り、これからの生き方が見えてくる一冊。

本書の展開で明らかになるように、イルカの知性への探求は、また別の道をも開くことになった。その全てが、知恵の後ろ盾と心のはたらきのもとにある。また、より高次における、魂の合一性（ワンネス）を示してくれている。
まずは、明らかな核爆弾の威力から、また大きく広がっている生態系への懸念から、僕らはやっとグローバルな意識を持つようになり、そしてそれは結局、僕らみんなの問題なのだと実感している。

定価1890円

日月地の龍王　香彩書画　白峰作